跟巴菲特學投資

股神教你的七大投資秘訣

7 SECRETS
to Investing Like Warren Buffett

Mary Buffet   Sean Seah

瑪麗・巴菲特、尚恩・尚赫 ——— 著　牛世竣 ——— 譯

目錄

秘密 3　關於股票的概念

秘密 4　金融護城河

秘密 5　商業語言

秘密 6　評估

秘密 7　投資組合管理

結論

導言
失去的十年

> 你不能回到過去重新開始，但你可以從現在開始，創
> 造全新的局面。
>
> ——詹姆士·R·漢森博士

十年前的你，生活有多麼地不同？

十年前發生的事，是否改變了你的生活？

對某些人來講，過去十年似乎無關緊要，但對另一些人，也許意義重大。十多年前，一名二十出頭的年輕人，在股市輸掉了六萬美元，其中超過一半的錢還是朋友的。他曾跟朋友說自己在商務課上學會一套「很有效的操盤系統」，能幫助他們致富，於是朋友把辛苦賺來的錢託付給他。

這位年輕人就是尚恩·尚赫。

尚恩·尚赫年輕時就知道投資有風險，曾發誓絕不涉足投資。不過，後來他對自己財務狀況不滿，開始盲目投資股市。起初他花了五千美元，參加一個短期投資研討會，也從他第一

筆交易中獲得實際利潤。

　　他因此充滿自信，並邀請他朋友一起集資，由他來管理資金。從籌到十萬美元開始，到輸掉一半的初始資本，來回也不過三個月的時間。

　　尚恩·尚赫受到打擊但沒有氣餒。揮去恐懼和失望的淚水決定更認真學習投資，飢渴地閱讀每一本他能拿到的投資書籍。

　　有一天，一位朋友推薦他讀一本名為《巴菲特法則》（*Buffettology*）的書，其中一名作者是華倫·巴菲特的前兒媳。他跟尚恩·尚赫說：「我用她教給我的技術，投資的帳戶自去年來，獲益高達百分之六十。」

　　尚恩·尚赫立刻找了那本書。更讓他驚喜的是，還發現其他一系列由瑪麗·巴菲特和大衛·克拉克合著的書，包括《新巴菲特法則》。這位曾經對投資一無所知的年輕人，學習書中的概念，開啟了他的旅程，並使自己成為亞洲極年輕的百萬富豪投資人之一。

與巨人相遇

> 如果說我看得比別人遠，那是因為我站在巨人的肩膀上。
>
> ——艾薩克·牛頓

尚恩·尚赫站在大廳，焦急地看著手錶。

「上午十點五十，還有十分鐘。」他呼吸急促十分激動。再過不久就要會見改變自己一生的導師：瑪麗·巴菲特。

瑪麗是華倫·巴菲特的前兒媳，有十二年的時間是巴菲特家族的一分子。她在華倫身邊聽他說話，並學習怎麼投資股市。瑪麗看到很多人目光短淺地踏入股市。但華倫不一樣，他根據基本原則，有條理並聰明地投資，靠這樣的方法讓他賺進數十億美元。

瑪麗·巴菲特觀察、傾聽、並吸收學習華倫的投資技術和哲學。到了一九九七年，她確立自己所學，並和大衛·克拉克合著她第一本書《巴菲特法則》。這是他們許多暢銷書的第一本。此書被譯成十七種語言在世界各地出版。

尚恩·尚赫研究書中概念和原則，並應用在投資事業中，很快有了穩定的正面效果。他決定進一步了解華倫·巴菲特的投資策略和技術，並會見瑪麗·巴菲特。他經過數月的察訪，找到有人能幫他在洛杉磯安排一個小時和瑪麗·巴菲特的會

面。

「你是尚恩·尚赫嗎?」清脆的聲音問道。

「瑪……瑪麗?」尚恩·尚赫轉身,看到一位穿著得體戴著太陽眼鏡的女人,她就是瑪麗·巴菲特。

「我們去餐廳喝點茶好嗎?」瑪麗微笑著問。

五分鐘自我介紹完畢後,各種關於投資的意見開始交流。瑪麗和尚恩·尚赫兩人相談默契十足,像是認識多年的朋友一樣。

在早午餐時間開始會面,一小時很快就過去,但兩人交流並沒有停下,一直持續到晚餐。就在他們互換電話後的十年內,仍相互討論要怎樣能像巴菲特那樣投資。

瑪麗已成為尚恩·尚赫的導師和顧問。在她的幫助和支持下,尚恩·尚赫在股市上賺進他第一個一百萬。媒體爭相報導他的新聞,他也很快就出名了。一開始朋友們會請教他如何投資,他也從私人研討會開始分享。隨後求助的人愈來愈多,他便更經常開班授課,成為投資教育領域的權威。尚恩·尚赫被邀請到新加坡、菲律賓、緬甸、中國,在頂尖大學擔任客座講師。也分別受大華銀行、聯昌證券、輝立證券這些金融機構的邀請,在機構內舉行非公開講習會。他的名字也經常出現在廣播、電視台還有報章雜誌上。

現在先暫停一下,想像一下這個場景:

如果瑪麗從來沒出版過任何有關巴菲特投資策略的書,那

又會是怎樣的情況？

如果尚恩・尚赫沒有看到《新巴菲特法則》，並從中學習呢？

如果沒有洛杉磯的那一場會面呢？

會不會就沒有你手上這本書的出現，這本能開啟你成為自信又成功投資者旅程的書？

瑪麗和尚恩・尚赫決定合著這本書，為了幫助其他人能學會怎麼像他們一樣創造財富。

在你閱讀這本書時，裡面會有很多瑪麗和尚恩・尚赫的交談，也有時候他們會分享彼此的經驗，所以內文裡的「我」和「我們」會交替使用，不用感到意外。你準備好翻開新的一頁，迎接新的開始了嗎？

新的開始

尚恩・尚赫和我決定合著《跟巴菲特學投資：股神教你的七大投資秘訣》，向新踏入投資市場的人解釋華倫・巴菲特的技術和哲學觀。

我們兩人在很多方面都不一樣。尚恩・尚赫在新加坡出生、受教育和生活，具有東方人的觀點；我則是都在美國，並且是西方人的觀點。他是男人；我是女人。也來自不同世代。

即使有這些差異存在，但投資理念相同。我們想和讀者分享這樣的理念，讓他們能有真正致富的機會。

本書旨在教你如何運用華倫・巴菲特的投資技巧。

內容分為兩個不同部分。

第一部分，向你展示，成為真正富有的人需要養成什麼樣的習慣。閱讀能帶給你知識，持續努力的行為會改變你的生活，並增加財富。我把這些長期行為稱為習慣。

第二部分，尚恩・尚赫將解釋華倫・巴菲特如何利用「價值投資」來累積財富。尚恩・尚赫和我都用這樣的策略從股市中持續獲利，而偉明會用新手都聽得懂的話來解釋什麼是價值投資，就算是沒有財務背景的人，也能理解並學會運用這一門技巧。

最後，尚恩・尚赫和我會鼓勵你們繼續學習和成長。隨著你的成長，財富也會跟著增加。

秘密 1

習慣的力量

第一章
習慣的力量

習慣輕如羽而難覺察，一旦意識到它，卻又重如山而
難撼動。

——班傑明・葛拉漢

習慣決定了你是誰，要怎麼生活，以及從努力中會獲得什
麼樣的成果。如果你超重，很可能是因為沒有養成正確飲食
和運動的習慣。如果你破產，很可能是因為沒有正確理財的規
劃。

真正富有的人，都有良好的習慣，這個習慣會讓他們愈來
愈有錢。但大部分的人，都不覺得養成這樣的習慣很重要；反
而想找到快速發財的方法，相信一次賺很多的投資、中一次大
獎，或是轟出一支全壘打，然後從此永久改變他們在財務上的
命運。

二〇一七年八月二十五日，CNBC財經新聞有一篇文章指
出，彩票得主或是其他得到意外巨款的人，傾向過著揮霍無度

的生活，最後反讓自己陷入暴富之前更糟的日子。

怎麼會這樣？

答案很簡單。就像要透過節食達到快速減肥的目的一樣；短期內可能有效，但時間愈長，你的身體不會一直這樣瘦下去。大多數人最後會放棄，然後吃得比之前更多，因為這樣的補償心態，體重也跟著復胖。

追求速效的，往往都失敗收場。

華倫曾經說過：「不管你做出多少努力或是天資多高，有些事情需要時間。就算你有辦法一次讓九個女人懷孕，也沒辦法在一個月內就生小孩。」

那最聰明的方法是什麼？

有耐心慢慢來，守住原則。

記住，羅馬不是一天造成的。你可以透過持續不變的行為達成目標。事情不能一蹴可幾，但好消息是，一旦養成好習慣，那也會開始有小小的回報和成就。關鍵是要有原則，並持之以恆。

接下來的章節中，我想和大家分享有錢人和成功人士都有哪些重要習慣。你會發現，養成好習慣，生活也變得愈來愈正向。

第二章
留意你的花費

華倫的舊車

　　華倫曾和我分享過一個有趣的小故事，他一直開輛舊款的福斯金龜車。所有人都知道他買得起一輛新車，覺得他是因為小氣才不願換車。

　　華倫沒有被這樣的意見冒犯，而是回應：「我要花兩萬美元買一輛新車，三十年後它將一文不值。搞不好還不用到三十年。」

　　「如果這十年，我用複利計算這兩萬美元，那它會變成十五萬美元。二十年就是一百五十萬美元。三十年後就是九百九十萬美元！」

　　「九百九十萬美元一輛車！太貴了！」

　　華倫習慣在買東西時，以複利方式思考這物品在未來的價值。如果你每買一件非必要的衣服或是小東西時，都有這樣的習慣，那省下來的錢到了三十年後會變成多少？

　　何者優先？存錢還是花錢？

華倫說：「你知道嗎，大多數的人拿到錢後會先花錢，剩下的就存起來。但事實上，你應該先存起來，剩下的才花掉。」

不管你信不信，這點思維上的小差異，會帶給你生活巨大的改變。

下次你收到工資或是薪水時，至少先存百分之十的額度，然後剩下的你可以放心地花。

在本書後面，我將討論這些存下來的錢要做什麼。現在得先樹立一種心態：每一分錢都很重要。

每一分錢都很重要

某次，華倫在紐約和一群陌生人搭電梯，因為他很有名，裡面每個人都知道他是誰。

同一時間，所有人也都發現地板上有一枚硬幣，但沒人為之所動。最後，華倫彎下腰撿起那一分錢，宣布：「一分錢！我下一個十億的起點。」

那麼，我們該從什麼地方，擠出那一分錢呢？

找出額外的一分錢！

我兒子山姆上大學時，我支付他所有費用，其中包括住宿費、學費，還有每個月幾百美元零用錢，這樣不用三餐都在學校解決，能到外面餐廳吃飯。但他每個月都一毛不剩，還希望我能多給一些。

有一天我去學校看他，開車載他時問了一句：「山姆，你把多的錢都花在什麼地方？你什麼都不缺了。」

他回答：「嗯，媽，我也不知道。」

我還沒來得及說下去，他突然指了前面，「哦，等一下，能不能先別談這個，我想來杯咖啡。」

我把車停在路邊，跟著他走進一家星巴克，看到他買了一杯超過五美元的咖啡。

我好奇問：「你每天喝多少杯咖啡？」

「我不知道，」他回答，「我和朋友晚上通常會熬夜，都會買星巴克，每天可能好幾杯。」

我被他的回答嚇到，盯著他說：「如果你每天花十美元，一年三百六十五天，光咖啡就花了好幾千。」

回到車上後，我開車到一家折扣商店，買了一台咖啡機給山姆。然後又回到星巴克買了星巴克的杯子。

我把這兩個東西丟給我兒子，並說：「將自己沖的咖啡裝在星巴克的杯子裡，你會看起來很潮。」

好在山姆有聽我的話，每年都省下幾千美元。

鍛鍊你存錢的肌肉

我和尚恩・尚赫主持一個研討會，其中的與會者提出一個非常有用的建議，能幫助人們開始存錢。

他建議我們每個禮拜先存一點錢，此後每週逐步增加。他說：「我就是這樣，第一週我存一美元，第二週存兩美元，第三週三美元，到了第五十二週，已經變成每週五十二美元。」

這個方法涵蓋了三個重要的概念：

1. 循序漸進

    一開始人們雄心壯志目標訂很大，若短時間沒辦法達成，很多人都會放棄。這是為什麼從小事開始很重要，這樣才能保持動力。

2. 階段性的里程碑

    很多人會發現，養成一個好習慣有一個困難，就是過一陣子後就會覺得無趣。如果是面對一件新事物，人會比較興奮，但若感到厭倦，興奮期一過就會提不起勁。

可是每週改變目標，會讓我們更期待下次讓人興奮的挑戰。就像在玩遊戲，每過一關，下一關會更有趣。這可能是為什麼人會沉迷遊戲的原因，把存錢變成遊戲，沉迷其中！

3. 一致性

　　掌握這三個概念，就能用它幫助自己養成良好的儲蓄習慣。一開始的金額並不重要，重要的是行動！

　　一致性是建立肌肉神經記憶，讓某個東西變成習慣的關鍵！

第三章

找一份你喜愛的工作

找一份你喜歡的工作，熱愛到每天能從床上跳起來。
我覺得，如果你為了讓履歷更好看，繼續從事不喜歡
的工作，那真是瘋了。不覺得這像是把你的性愛額度
存下，留到晚年嗎？

——華倫‧巴菲特

假設你計算醒著的時候都在做什麼，大多數的人會發現，
只要是步入職場，大部分時間都是在工作。

你喜歡你的工作嗎？如果你不喜歡，那就是在消耗大部分
的生命去做一些不能讓你開心的事。

華倫曾說過，「很多人工作只是為了錢，因為他們不喜歡
自己的工作，不快樂會隨時間推移而累積。最後帶回家給孩子
和家人的是負面情緒，而不是快樂。所以，真的，你必須做你
喜歡的事。」

快樂的人，富碩的成果

在華倫收購的許多公司中，是否要留下管理部門，主要是看他們是否喜歡自己的工作。蘿絲·布魯姆斯金女士就是一個很好的例子，她常被人稱B夫人。八十九歲時，她的家具市場賣給了華倫·巴菲特，並仍繼續替公司效力，直到她一百零四歲。

事實上，在她的職業生涯中只休過一次假，而且她很討厭休假。假期中常想念自己的工作，迫不及待想回到崗位上。在她的管理下，內布拉斯加家具市場的銷售呈指數級成長，收入逐年增加。這就是熱情的力量。

熱情不僅能帶來快樂，也提高生產力。熱情的員工比不快樂的員工取得更多成就感以及經濟報酬。工作愉快的人比不愉快的人更快升遷，獲得更高的佣金；而且，當你把熱情投入到工作中，被人認可的機會也會大大增加。

痴迷的裁縫

華倫曾分享一個裁縫的故事，他對自己工作很痴迷。裁縫的夢想是見到教宗，於是開始替自己的梵蒂岡之旅，一點一點存錢，以實現夢想。

有一天他終於存夠錢了。

當他從梵蒂岡回來時，社區裡的每個人都想知道他這次旅行的故事。人們問他：「我們也想多知道一點教宗的事，你能和我們分享些什麼嗎？」裁縫回答：「他是位四十四歲的人。」

顯然，裁縫對自己所擅長的事物具有熱情。

華倫也沉迷自己的工作。事實上，他常全神貫注在想自己的事，以至於周圍發生什麼事都沒發現。

有一次，他和他的夥伴查理・蒙格去紐約。走在街上時，查理突然想起他要趕一班飛機。於是揮手招了輛計程車，沒有告別就離開了。華倫沒注意到查理已經離開。仍邊走邊和「查理」聊天，經過兩個路口，最後才發現自己在和空氣對談。

當他不在家時，他的妻子蘇珊・湯普森・巴菲特決定要翻新整個家，想讓華倫大吃一驚。她收起地毯，換上硬質的木質地板；買了新家具，重新粉刷牆壁。所有安排逐項完成後，華倫第一次回到翻新過的家裡，走進廚房拿起可樂，又經過起居室，沒說一句話後又離開。

最後大吃一驚的人是我們而非華倫。我們追上去問他：「你沒發現這房子有什麼不一樣嗎？」

他說：「沒有。」

「這裡全都不一樣了！」我們驚呼道。

他環顧一下四周，最後才說：「哦，真的嗎？哦，是，很好很好。」

從底層一路往上爬

我鼓勵你找到自己感興趣的行業，並從中求職。不要指望馬上能實現夢想。毫無疑問，大多數人都是從底層開始，然後再慢慢往上爬。

雖然初級工作的薪水可能不高，但讓你有一個熱愛自己職業的機會。很多好萊塢電影製片的中高階主管，都是從收發室開始做起。

熱情測試

為了幫助你找到自己的熱情，這裡有個測驗。下一頁會有四個大項目，第一個項目中，至少寫下五件讓你快樂的事。

再下一個項目中，寫下五件讓你生氣的事。如果你對某件事感到憤怒，並能找到原因，這可能是你找到自己熱情的一個機會。

第三個項目，寫下你擅長的五件事。想想你朋友可能會在什麼事情上徵求你的意見。

最後一項，寫下五件你覺得在人生走到盡頭之前，必須要做的事。

快樂 憤怒

_____ _____

_____ _____

_____ _____

_____ _____

_____ _____

_____ _____

擅長 必須做

_____ _____

_____ _____

_____ _____

_____ _____

_____ _____

_____ _____

仔細觀察這四個項目。能看出任何傾向或趨勢嗎？

真正富有的人從事他們喜歡的工作，並熱愛自己所做的事。一旦你確定自己感興趣的領域，就在這領域內找工作，然後就會走在致富的路上。

　　每天早上從床上跳起來，充滿熱情地生活！

第四章

避免債務

> 我見過很多人因為酒和槓桿而失敗——這裡的槓桿指
> 的是舉債。
>
> ——華倫・巴菲特

信用卡帝國的崛起

我們正在邁入一個沒有現金的世界。隨著科技進步，信用
卡的使用率近年來呈上升趨勢。無疑它帶給我們很多方便，但
若沒有仔細盯著開支，這也會是把雙面刃。在刷信用卡之前，
請牢記下面兩個事實：

1. 如果我們沒有每個月還清餘額，信用卡的利息很高。
   華倫曾說過：「信用卡的利息很高，有時候是百分之十
   八，有時候是二十。要是以十八或是二十的利率借錢，
   那我會破產。」

2. 信用卡制度鼓勵我們花更多的錢。我們用現金消費時，心裡會有一種失落感，這樣買東西時就會猶豫不決。相比之下，像信用卡這類的無現金交易，會減輕付款時的痛苦，讓交易看起來看容易。這樣的安逸會讓人超支。

那麼，要如何避免掉入信用卡陷阱呢？
我們可以遵循兩個原則：

1. 用現金代替信用卡。若你是屬於花錢不受控的類型，你應該試著用「信封系統」的方式來管理資金。它的做法是，為不同的支出分門別類，使用不同的信封。下一步是分配金額放進不同的信封。例如，你有個信封是「食物」、另一個是「交通」，或是「個人消費」。一旦信封裡的錢用完，你就該停止該項目的購買行為。
2. 準時全額還清信用卡帳單。如果你想要享受信用卡的便利，請確保不會有任何積欠的利息產生。

債務危機

　　大約十年前，尚恩‧尚赫的一個朋友來找他，問他能不能借點錢。我們暫時就稱這位朋友為艾倫好了。艾倫最後承認自己借錢是因為還不起債務。

　　艾倫跟尚恩‧尚赫說，他刷了太多卡，還不起借貸表上的金額，而且利息愈來愈重，等他回過神來，所欠下的債務已經是他月薪的三倍。

　　為了「解決」這件事。艾倫天真的以為可以用信用卡方式延遲還款。於是他申請許多信用卡，用它們來還債。這不但沒改善他的處境，反而讓情況愈來愈糟。他欠了五家不同信用卡公司鉅額卡債。他絕望到只想快點弄出現金。

　　這件事情發生在蘋果推出iPhone4的時候。電信公司為了鼓勵大家辦門號，在最貴的資費方案中會免費贈送iPhone4s。艾倫以為這是個機會，於是一次辦了九個門號，然後再把「免費」的iPhone賣給二手電信商。但遺憾的是，他賣出iPhone的錢仍不足以償還他的債務。

　　他現在欠了五家信用卡公司錢，而且每個月還要支付九個門號的月租費。

　　最後他找了放款單位。事情愈發失控，討債公司開始騷擾艾倫和他的家人。此時他打電話向朋友求救。

尚恩‧尚赫同意幫助艾倫。首先,他要求艾倫記下他所有欠款和每一筆債務的利率。然後兩人設計一個能夠一次還清的計畫。他沒有向朋友收取任何費用。最後透過三年的努力工作,艾倫終於還清債務。記住:所有這些麻煩,都起源於那張刷過頭的信用卡。

借錢投資

有人說,有一些債務是好的。有些人用相對較低的利息借款,投入較高報酬的投資,以此賺錢。在我看來,借款的利息是確定要還,但高報酬未必會實現。

所以,除非你是老練的投資者,知道怎麼降低風險和承受損失,否則尚恩‧尚赫和我不鼓勵借貸。

你真的不需要什麼槓桿。如果你夠聰明,不用舉債就能賺大錢。

——華倫‧巴菲特

第五章

風險管理

　　華倫經常引用他兩條投資規則，第一條規則是永遠不要賠錢。第二條是永遠不要忘記第一條規則。

　　想要發財又發不了財的人通常分為兩類。一種是想要快速賺錢，揹著巨大風險，先跳了以後才再觀看，最後發現自己跳的是懸崖。

　　另一種是怕到完全沒有動作，不敢冒險。把錢存在銀行或床墊下，讓通貨膨脹慢慢吃掉他們的財富。

　　富豪願意把錢投在增加財富的投資。他們會認清風險，並盡可能降低它。

　　在本章中，會教你兩種能現學現用的風險管理。

風險管理 1：
急用金

最近，我一位朋友在她的臉書上貼文，說她的暖氣壞了，需要$8,000的修理費，但她拿不出錢來。正如我們前面提到的，沒有準備足夠的錢來應付這樣的意外，是很危險的。因為我們搞不好會讓自己陷入需要借錢的危機。

二〇一六年一月六日，《富比士》在Bankrate.com網站發表一篇文章，其中研究表明百分之六十三的美國人，用來應付生活中突發狀況的存款金額不到五百美元。若真有意外發生，人們除了借錢沒有其他選擇。這是為什麼應急現金這麼重要的原因。

我們建議，你隨時可動用的存款至少要能應付三個月的生活費。

以下是關於急用金的三個重要原則：

1. 它不是投資基金

　　這筆錢不是投資基金：它不是為了持續生錢而存；而是為了應付不可避免需要用錢的緊急狀況。

2. 它必須容易取出

　　急用金提領不能太難。例如，假設你把一間「房子」當成急用金，那麼要動用它就得花幾個月的時間，房子要

賣得掉才能變現。

3. 它應該放在看不見的地方，但又不能放在拿不到的地方

急用金要便於到手，但請不要讓它隨時可見！不能放在大門旁邊，不然的話，送貨員按門鈴時，它可能會變成用來支付披薩的錢。我個人是建議，額外單獨開個戶頭存放。

尚恩‧尚赫在急用金上學到的經驗教訓

二○○九年一月，尚恩‧尚赫在春節前兩天和妻子一起購物。那時她懷著他們第二個兒子，離預產期還有兩個月。他太太突然停下來說：「我想，我們現在得去一下醫院。」

他們趕到湯姆森醫療中心。第二天，他們第二個小兒子早產了。

尚恩‧尚赫的妻子需要專門護理，在不得已的情況下，待在醫院的時間比預計要長。也因此，尚恩‧尚赫面臨巨大的住院費用。

當時沒有足夠的現金支付這筆驚人的開銷。他本來以為還有兩個月才會生，也在財務上做出相應的規劃，大部分的現金都拿去投資，手邊沒有可動用的錢來支付。

最後只好打電話給他的好朋友丹尼爾。好在朋友不作多想

就借給他一筆五位數的應急金。從那天起，尚恩・尚赫自己存在應急用錢拉高到六個月的生活費。

風險管理 2：
充裕的保險

除非你是超級富豪，不然你需要確認自己有保險。

保險是門大學問，這裡沒辦法一言道盡，所以尚恩・尚赫和我還是建議你聘請值得信賴的財務專員，量身訂作你的需求。

在這一段，我會介紹在保險上需要知道的重要事項。

要保什麼？

我們的意見是，至少有兩項事物需要靠保險來應付：

1. 收入損失。
2. 醫療費用。

收入損失

最重要的是，家庭中扮演主要經濟支住的人，得要有充足的保險。若你沒辦法替家庭帶來收入，那保險公司會提供資金

幫你度過難關。

雖然你會覺得自己沒那麼倒楣，但人生總有個萬一，像是生病、受傷、殘疾或意外致死。所以有保總比後悔好。保險是保障你的安全。

詢問你的理財專員，倘若不幸發生，確保你的保險能提供足夠的現金給傷者或保單受益人，或是在合理的期間度過難關。

從經驗上來看，最好有一個意外險和殘廢險，兩者都包含十年的生活費用。

舉個例，假設傑克每年開銷是 $60,000，那他最少要有 $600,000 的保險金。換句話說，如果他失去謀生能力，那保險計畫應該要能支付受益人 $600,000。

這個計畫是建立在，傑克或是他的家人能在十年內找到其他賺取收入為前提的假設下。

醫療費用

若保險不夠全面，醫療費用可能會毀掉你累積的一切。說不定會需要賣掉股票或犧牲生意，甚至貸款來支付醫療費用。

這種無法預見的醫療費用甚至有可能會讓本來經濟獨立的人，突然背負債務。

現在的世界，每個人壽命愈來愈長，但同時也很多老老少少拖著病痛在世上受折磨地活著。這是為什麼我們得時時確認

自己是否有周全的保險計畫。

　　要是你捲入意外事故，或有重大疾病，請諮詢你的理財專員目前的保險計畫是否足夠。此外，這些保險不是只針對家裡的主要經濟支柱。

　　家中每一個成員都應該投保。

總結表

　　上面是我們需要保險的情況，下面總結了我們剛討論過的內容。

保險要涵蓋什麼	失去收益	醫療費用
誰會需要	已就業者，特別是家裡的經濟支柱。	家中每一位成員。
需要多少	十年的生活費，或是足以讓家人度過危機的金額。	盡可能全額支付醫療和住院費。
何時要做	當家中有人開始就業時；更甚者，已經有家庭成員開始依靠另一人的收益時。	現在！

第六章

照顧好你的健康

　　華倫曾和我分享一個精靈的故事。

　　「我十六歲時，腦子裡只有兩件事——汽車和女孩。我對女孩子不太在行，所以主要還是汽車。我當然也對女孩子有興趣，但汽車方面我比較幸運。

　　「這樣說好了，在我十六歲時，一個精靈出現在我面前，祂說：『華倫，我給你一輛你想要的車子。明天早上在這裡出現，綁著大大蝴蝶結的全新車子，那是屬於你的車子。』

　　「我聽精靈這麼說，便問道：『有什麼代價？』那精靈回答：『只有一個，就是它是你人生中，最後一輛車。你得開上一輩子。』

　　「如果真的出現這情況，那我會選車子。但妳想想，如果我知道得用它一輩子，我會怎麼樣嗎？

　　「我會把它的手冊讀個五遍，然後好好放在車庫裡，一有點凹痕或刮傷，就會立刻修好它，因為不管怎樣，我都不想讓這車生鏽，會愛護這輛車。因為我得開上一輩子。

　　「這就是我對人的看法。我們只有一個腦袋一個身體，而

且會跟著我們一輩子。要是不照顧好自己的身心，就可能像舊汽車一樣變成廢鐵。你今天做的事，對心理和身體的影響會長達十年、二十年或三十年以上。」

我們最大的資產

正如華倫所說的，我們的身體和大腦是最大的資產。不過，你可能聽過華倫的飲食習慣而對上述內容產生質疑……

華倫曾說過他保持年輕的秘訣：「吃得像六歲小孩一樣。」這包括每天五罐可樂、早餐吃漢堡、牛排和聖代。但華倫會照顧好自己。

二〇〇七年（他那時七十七歲），華倫透露說自己的醫生要他做選擇，一是吃得更健康，不然就得運動。華倫選擇了後者，他自己是這樣說的：「兩權相害取其輕也。」

我們不會深入討論怎麼保持健康，其他地方已經提供很多健康資訊了。但這裡的重點是，要養成長保健康的習慣。這裡只有兩個簡單的事實：吃得更好和運動！

每個禮拜留出一點時間運動，觀察你的身體有什麼變化。尚恩・尚赫每天都運動，瑪麗在吃的方面很小心。你會驚訝地發現自己年輕很多！

第七章
持續進步

> 我見到華倫‧巴菲特的那天,他已經是位成功的投資者了,而我也是。如果我們在任何一個階段就停滯,不再增長自己知識,最後不會有這樣的成績,所以這是一個不斷學習的遊戲。
>
> ——查理‧蒙格

真正的有錢人,從不停止學習和提升自己。除了不斷精進已有的技術外,這裡有一些建議,希望你能考慮應用在生活中。

內在分數

華倫有他自己的內在記分卡。他問過:「你想成為大家公認最糟的情人,但實際上卻是最偉大的情人嗎?還是反過來,

所有人都覺得你很棒，但實際上自己很糟？」

這是一個有趣的問題。

如果你的重點放在全世界怎麼看你，而不是專注在真正的表現，那你有的只是一個外部記分卡。

有的人努力想贏得他人的認可，卻在這過程迷失了自我。真正重要的是，你在這過程變成了什麼樣的人。

正直、智慧、活力

華倫曾對一群企管系的學生說：「我們來談談未來，你們會在企管系學到大量的投資知識，你們有做好事情的能力、智慧以及活力，不然今天你們就不會在這裡。

「但成功與否，並不光有智慧和活力就可以。

「在奧馬哈有一位叫彼得‧基威特的人。他曾說在自己雇人時，會看三樣東西：正直、智慧、活力。他說，若一個人沒有第一樣東西，那後兩者會害了他，面對一個不正直的人，你會希望他是愚蠢懶惰。

「我來做個假設，如果你有權能買下，其中一位同學未來所賺到的錢的十分之一，你的人選會是誰？你不會選一個繼承龐大家業的人，而會選光憑自己，就能成功的人。那你會用智力測驗找出最聰明的那一位嗎？我很懷疑你會這麼做。

「還是你會挑一個成績最好的？最有活力的？你很可能未必用可測量分數來看，而是找和人品有關的因素。因為這裡每個人都足夠聰明和有活力。

「你可能會選一個和自己要好的人，有領導才能、慷慨、誠實、懂得讚美別人意見。

「你不會選智商最低、讓你反感、自私、貪婪、愛佔便宜、做事不誠實的人。

「你會注重那些值得結交、具有積極人品的人，迴避那些有負面特質的。

「你可以擺脫負面行為。在你們這個年紀會比我更容易擺脫。這些不好的行為大多是一種習慣。華倫說這些『習慣的鎖鏈』在你打算改掉之前，它很難被覺察到。但有件事我很確定，我看過很多人有那種會自我毀滅的習慣，不管是在我這年紀還是二十幾歲的年經人都有，他們被自己消極的情緒淹沒。

「這些人的行為和態度讓人反感。他們大可不用這樣讓自己難過，或是不誠實，但這些壞習慣已經跟了他們一輩子，也不知道怎麼改。」

但在你這個年紀，你可以養成任何你想要的習慣。只要問問你自己，你想要追求什麼。

華倫注意到許多成功人士都在尋找值得效仿看齊的人。華倫其中一位老師叫班傑明‧葛拉漢，在他還是十幾歲青少年時，看著身邊自己所敬重的人，然後突然想到，「我也想被崇

拜，那為什麼我不表現得跟這些人一樣？」

　　華倫接著說：「葛拉漢發現，要表現得像那些人一樣也並非不可能。我建議，寫下在別人身上看到哪些你覺得不錯的品格，思考一會兒，想想看怎麼讓它變成你的習慣。最後你會發現，自己就是『值得買下未來十分之一所得』的人。這麼做的好處是，那你就擁有百分之百自己的未來所得，你自己才是那最好的人選。」

品格練習

　　花點時間想想華倫對企管學生說的話，想想自己所敬重的人。接下來，在左邊一欄中寫下你欣賞這些人的什麼品性。

　　花點時間想想你討厭的人，並在右邊那欄寫下這些人的品性。

　　下面是這兩欄……

你所欣賞的品性　　　你所討厭的品性

_____　　_____

_____　　_____

_____　　_____

_____　　_____

_____　　_____

_____　　_____

_____　　_____

_____　　_____

_____　　_____

_____　　_____

_____　　_____

　　你是否已確定自己想努力的方向了？每天做一點，正如查理・蒙格所說的，「每過完一天，智慧都要有所進步。」

秘密 2

價值投資的力量

第八章
什麼是價值投資？

你認識收集大量郵票的人嗎？還是有很多棒球卡的人？

想像一下，如果你擁有的不是這些郵票或是卡片，而是收集世界上最賺錢企業。

這就是「投資」的意義。

華倫的投資組合中，有些很賺錢的項目，像是可口可樂、卡夫食品、美國運通。

暫停片刻，想像一下：每一次有人購買可口可樂、卡夫食品或是使用美國運通，你就會變得更有錢。

跟大家報告一件事：一天之內，會賣出十九億罐可口可樂。

也就是每小時七千九百萬罐可樂，相當於每分鐘一百三十萬罐，每秒兩萬一千九百九十罐。

一秒、兩秒、三秒……

這大概已經有六萬五千罐可樂賣出。如果你擁有可口可樂公司，每三秒就有六萬五千罐可樂的銷售進帳。

這就是投資的概念！購買並擁有這些能賺錢的企業！

在股票市場上，就是透過購買股票來入主這些企業。

那什麼是價值？

價值投資的「價值」指的是「以好的價格買到一家好的企業」。你可能會想，為什麼有的人買了這些會賺錢企業的股票，自己卻沒賺到錢。理由很簡單：他們在市場高估它的價格時買進。

這就是為什麼價值投資如此重要，價值投資主張以合理的價格購買會賺錢的企業。實踐這項投資技術，你將逐漸掌握能長久累積財富的秘訣。

第九章
價值投資的起源

　　瑪麗和我想引導你進入價值投資圈的同時，向你介紹價值投資的起源。要了解價值投資對生活的影響，就要回到二十世紀上半葉。一九三四年，哥倫比亞商學院兩位財金教授，班傑明・葛拉漢和大衛・陶德出版了《證券分析》（*Security Analysis*），該書成為經紀人和投資者的成功指南。

　　在《證券分析》出版前，股票投資市場的人，基本上都靠預測未來和自己以為的內線消息進行投資（看起來和現今世界沒什麼不同，不是嗎？）。

　　班傑明・葛拉漢相信，透過研究和分析市場，他有辦法知道股票的「真實」價值；他是帶著知識和專業在選購股票，而不僅僅是投機行為。他和大衛・陶德合作，建構「價值投資」理論，那是一種辨認並購入被市場低估股價的投資策略。

　　一九二八年，葛拉漢在哥倫比亞商學院教授「價值投資」。也隨著時間不斷精進自己的技術。在他課堂有許多傳奇商業人物，華倫・巴菲特（五十一歲）、馬里奧・加貝利（六十七歲）、格倫・格林柏格（七十三歲）、查克・羅伊斯（六

十三歲）、華特・許羅斯（七十八歲）、約翰・克里（七十八歲）。接下來的章節，會進一步討論這些偉大的投資者，以及我們能從他們身上學到什麼。

一九九二年，特威迪・布朗公司（Tweedy Browne Company）發表《有效的投資之道：投資方法研究及卓越投資的特徵》的研究報告。該公司分析研究市場中，不同概念的「價值」，在各種情況下，歷經一段時間後的變化，得出結論：價值投資總會有顯著報酬。

我們每個人都只有幾十年的投資時間，因此需要遵循一套行之有效的方法，讓資金增長。本書後文將解釋如何利用價值投資讓自己的錢變多。

歡迎來到價值投資的大家庭。

秘密 3

關於股票的概念

第十章

要怎麼開始尋找要投資的股票？

有邏輯地選股

第一次見到瑪麗時，我問了她這個問題。「那麼，我們要從哪裡開始找到要投資的好股票？」她用一個反問回應：「你覺得好股票有什麼樣的特徵？」

「這個嘛，」我回答，「如果我要找一支好股票，我希望它們有以下這些特點：

1. _____

2. _____

3. _____

4. _____

5. _____

「這些是我要找的特徵。」我總結道。在你填上答案前先

暫停一下想一想。記住，要從企業的角度來思考，如果你要投資一家企業，你會想投資什麼樣的企業？

你會找哪些特徵？

現在，至少先填上五項特徵，之後再來對照。

這在價值投資的成功道路上，是一項重要練習。之後的章節會介紹一些應該要了解的重要指標。但現在先提出一些你自己的點子，這樣才能評估你身為投資者的心態為何。

五項特徵寫好了嗎？如果寫完了，那太好了！

現在，我們繼續和瑪麗對話。

「好吧，假設我在找一支優秀的股票，我希望它符合以下幾點：

1. 營業獲利。
2. 顧客忠實。
3. 領先潮流。
4. 市場領導者。
5. 有成長潛力。

「這是我會搜尋的特徵。」我回答。

「沒錯！」瑪麗回答，「你覺得我們可以在哪裡找到符合這些特徵的股票？」

「嗯，」我說：「可能會在……」

1. _____

2. _____

3. _____

4. _____

5. _____

好的,現在!又是思考時間。本書會告訴你答案。但我們想幫助你成為一個好的投資者,有辦法自己獨立思考。考慮到上面提到的種種特徵,你覺得在合理判斷下,哪些地方是能找到符合特徵的公司?

來吧,運用你的想像力,填上這五個空白處。

以下是可能的答案:

1. 去購物中心,看看哪些店裡的客人絡繹不絕。

2. 定期觀察你自己必買的物品,並辨認出它們各是從哪些公司來的。

3. 用Google搜尋最高評價的品牌。

4. 看看那些投資老手都在投資什麼。

5. 使用股票篩選器。

瑪麗高興地喊道：「是啊！這點子太棒了。我們一直以來都在用這個方式。」

　　「真的嗎？你們真的是這樣做的？」我問。

　　「是啊，我們是啊。為什麼不呢？這樣做很合理，不是嗎？」

　　在接下來的章節中，我們會探討幾種能找到買賣股票不錯的點子，從而建立自己的投資組合。

　　請注意，雖然你提出的點子可能不夠徹底，我們的也一樣，但當中可能會有幾點不錯的想法說不定會很有幫助。

　　或許你想出來的建議，會讓身為投資者的你得到特別的優勢。如果這樣，我希望你能和我分享，這樣也能讓我的武器庫裡又多一項利器。

第十一章
能力圈

投資者一定要做的第一個重要的步驟是，確定自己要投資的範圍，這個華倫稱之為「能力圈」。

以下是他在一九九六年寫給波克夏·海瑟威股東信的摘錄：

> 若你要選擇……建立你的投資組合，有幾件事得記住。聰明的投資並不複雜，但卻一點也不容易。面對所選的公司，投資者需要有正確評價它的能力。留意我的用詞，「所選的」：你不必要成為每間或是很多間公司的專家。你只要能在自己的能力範圍內，對公司進行評估。能力圈的大小不是重點，但是了解邊界至關重要。你可能會發現自己能注意的有限，但我希望你記住，投資者就是在購買企業。所以重要的是，你要買自己所了解和感興趣的東西。既然花錢買了它，也要用它來賺錢，那你需要對該企業如何運作有一定了解。

華倫‧巴菲特避免從事自己能力圈之外的事務。他曾說：「如果在能力圈內找不到好的投資，就不要往圈外找，我們會選擇等待。」

　　這並不是說，我們不應該去了解自己不懂的行業，而是在警告你，不要因為在自己熟悉的產業找不到好項目，就貿然投資自己不了解的行業。

在你的能力圈內找公司

　　我們先從一些本來就有所了解的企業開始以下練習。

　　列出會付你錢的公司（可以是你就職的公司，或是貴公司的客戶）。

_____

_____

_____

_____

_____

列出你要付錢給它的公司（如果你一直有在追蹤信用卡帳單時或是銀行轉帳的付款紀錄，那請把它們拿出來，逐月查看你的資金流向何處，這些公司至少有一名忠實顧客，那就是你！）。

_____

_____

_____

_____

_____

　　再來列出你的專業領域。這些可能是你的才能，像是運動、唱歌、烹飪、程式設計、投資、教學等。

_____

_____

_____

_____

_____

_____

最後列出一些你感興趣或熱愛的事物。這些可以是你的愛好，也可以是你想要學的東西。

_____

_____

_____

_____

_____

寫下這份清單時，你可能會發現自己的錢會流向哪裡，而它們又是從哪裡流來的，還有你在哪些事上有天賦、對哪些事有熱情。

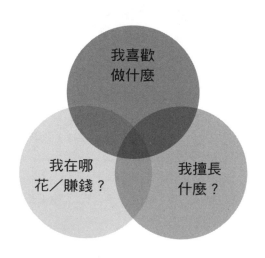

它可能看起來會像這樣：

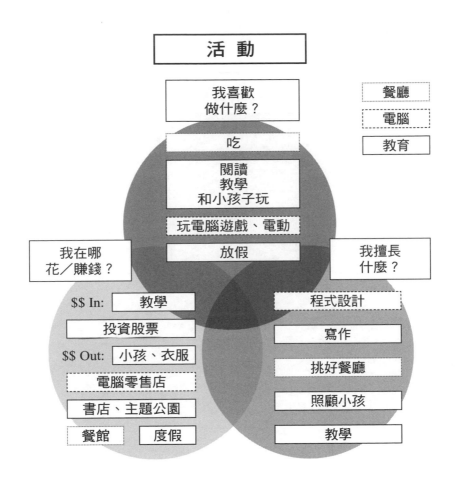

這裡有一張空白的圖，你可以自己填寫。找到自己的最佳核心。如果你感覺卡住，我們後面有列出各行各業的清單，你可以仔細看看，提供你一些點子。

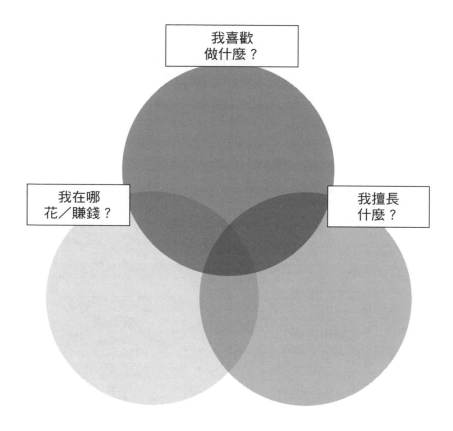

以下是一些可能的產業或行業。你可以圈出自己熟悉的行業，然後鎖定它們。

基本原物料

農藥

鋁業

各類專業化學產品

銅製品

黃金

獨立石油天然氣公司

獨立金屬和礦物企業

大型聯合汽油天然氣企業

非金屬礦產開採

石油天然氣鑽探

石油天然氣設備及相關服務

石油天然氣輸送帶

石油天然氣精煉和行銷

銀市場

公用事業

各類公用事業

電力公司

外國公用事業

天然氣公司

水利公司

消費品

酒業──釀造酒和蒸餾酒

辦公用品

香菸

清潔產品

糖果製造商

乳製品

電子設備

農產品

各類專業食品類

居家室內陳設固定裝置

家庭用品房屋配件

肉製品

文具

包裝容器

紙類及紙製品

個人用品

攝影器材及耗材

加工及包裝

戶外娛樂用品

露營車

橡膠及塑膠

運動用品

紡織業——服裝

紡織業——鞋子及服飾配件

菸草產業

玩具和遊戲

卡車及其他交通工具

醫療保健

生物科技

診驗用品

藥物遞輸

藥品製造——主要藥物

藥品製造——其他藥物

藥物相關產品

藥品——非專利藥品

醫療保健計畫

家庭保健

醫院

長期照顧設施

醫療器具及設備

醫療器械耗材

醫學研究實驗

醫療從業人員

專門健康服務

財務

意外及健康保險

資產管理

封閉式基金——債券

封閉式基金——權益

封閉式基金——外國基金

信貸服務

分散投資

外國貨幣中央銀行

外國地方銀行

投資經濟——區域性

人壽保險

貨幣中央銀行

抵押投資

產物險

物業管理

房地產開發

房地產投資信託——分散投資

房地產投資信託——醫療機構

房地產投資信託——旅館

房地產投資信託——工廠

房地產投資信託——辦公室

房地產投資信託——住宅

房地產投資信託——零售

地區性——大西洋中部銀行

地區性——中西部銀行

地區性——東北部銀行

地區性——太平洋銀行

地區性——東南部銀行

地區性——西南部銀行

儲蓄和貸款

產業擔保保險

工業

航宇國防——各類專業

航宇國防——產品及服務

水泥

各類機械

農業用機械

一般建築材料

總承包商

重工程

工業電氣設備

工業設備零件

木材生產

機床及配件

加工外殼

金屬加工品

污染處理控制

住宅建設

小型工具及附件

紡織工業

廢棄物管理

科技

應用軟體

商業軟體及服務

通信設備

電腦周邊

數據資料存儲設備

各類通信服務

各類電腦系統

各類電子產品

衛生保健資訊服務

資訊流通服務

資訊技術服務

網路資訊業

網路連線公司

網路軟體及服務

長途運送服務

多媒體和圖形軟體

網路通訊設備

個人電腦

電路板印製

處理系統和產品

科學技術器械

防毒軟體服務

半導體──寬能隙

半導體──設備及材料

半導體──積體電路

半導體──特別訂製

技術和系統軟體

電信服務──國內

電信服務──國外

無線通信

服務

廣告公司

航空貨運服務

航空服務

服裝店

汽車經銷商

汽車零件商店

汽車零件批發

基本材料批發

廣播電台

廣播電視台

建築材料批發

商業服務

郵購公司

有線電視系統

電腦批發

消費者服務

百貨公司

折扣商店

藥品批發

藥妝店

教育及培訓服務

電子產品商店

電子產品批發

各類娛樂產業

食品批發

遊戲活動

一般娛樂

雜貨店

家庭裝修器材商店

工業設備批發

珠寶店

住房出租

管理服務

行銷服務

醫療設備批發

電影製作、戲院

音樂影視商店

個人服務

書籍出版

報紙出版

期刊出版

鐵路運輸

區域性航空公司

租賃服務

調查服務

度假村和搏奕事業

餐廳

保安服務

船運

特色餐廳

特產零售

體育活動

體育用品專賣店

外包人力服務

技術服務

玩具商店

卡車運輸

結論

　　在你開始投資之前，知道要投入哪一個領域很重要。如果我們想在每一件事上都表現得好，那很可能最後事事平庸。

　　所以，請寫下至少三項你認為自己真正感興趣的部分或領域。接下來的幾章，我們會探討怎麼在能力圈內激發出買賣股票不錯的點子。

第十二章
金融網站

　　我相信在瑪麗和我撰寫本章時，一定會有新的金融網站正在創建，搞不好這些網站中，有的會是我們日後研究投資時派得上用場的工具也說不定。

　　不過到目前為止，下面列表會是我們目前使用來尋找買賣股票點子的網站。

　　把它們加入書籤。記得不時要更新書籤內容。

1. Yahoo！股市（http://finance.yahoo.com）

　　就我們觀察，「Yahoo！股市」發布金融新聞的速度非常快。不管什麼時候，只要有時間都可以訪問本站，看看大家都在關心什麼。我們所感興趣的……呃……咳咳。事實上我們感興趣的都是負面新聞。

　　當一家公司有負面消息時，它的股價很可能會下跌，因為人們往往反應過度。我們希望找到那些暫時陷入困境，但對主要商業模式不會構成影響的股票，並在這些公司被低估時購買它們的股票。

2. Seeking Alpha（https://seekingalpha.com/）

　　Seeking Alpha是一個網路平台，允許世界各地投資者分享他們對投資股票的看法。

　　許多投資愛好者每天都會分享自己的洞見，你可以在這裡輕易找到一些其他網站找不到的資訊。Seeking Alpha會是找這些投資點子的好地方。

　　然而，你需要把觀點和事實區分開來，因為觀點往往是高度主觀的。

3. 巴菲特線上學院

（https://www.facebook.com/buffettonlineschoolglobal/）

　　這是我們的臉書頁面，我們經常會製作上傳投資相關影片，教育公眾什麼是價值投資。

　　這些資訊適合投資新手。訂閱我們，或在上面發表任何有關投資方面的問題。

　　我們的投資分析師每個禮拜都會回答問題。

4. MarketWatch（www.marketwatch.com）

　　另一個時常更新的新聞網站是MarketWatch。

　　裡面有一個虛擬的證券交易，你可以在投入實戰前先做練習。需留意的是，MarketWatch主要是以美國為中心做分析。

5. 華爾街日報（vvwvv.vvsj.com）

　　這個網站提供世界各地股票金融資訊。在搜索欄鍵入個別股票名稱，很快你就會看到四年來的財務資料。

6. GuruFocus（www.gurufocus.com）

　　這個網站追蹤世界上一些知名投資者的投資組合。裡面也有很多和價值投資有關不錯的文章。

7. The Motley Fool（www.fool.com）

　　The Motley Fool是股票諮詢網，它提供不只財務相關的數據，還包括商業潛力和公司文化方面的資訊。

　　當你讀完這本書要開始評估公司時，這些網站會派上用場。

第十三章
追蹤最富有的人

　　你有沒有想過地球上最富有的人是怎麼創造財富的？他們當中許多人不是企業家就是投資者。像是傑夫‧貝佐斯因為擁有亞馬遜公司的股份而成為《富比士》富豪榜的榜首；馬克‧祖克柏擁有臉書股份也登榜。要是我們能讓這些才華洋溢的企業家幫我們創造財富，那不是很好嗎？

　　有趣的是，他們中有許多人都樂於讓他們的公司上市上櫃，我們可以用投資他們公司的方式，來利用他們創造財富的能力。這又是一個我們尋找好股票不錯的點子。

　　用 Google 搜尋「富比士富人榜」，就能看到地球上最富有的人的新名單以及知道他們是怎麼創造財富的。其中一些名字和他們的賺錢方式，可能時常都會聽到。

1. 比爾‧蓋茲（微軟公司）
2. 華倫‧巴菲特（波克夏‧海瑟威公司）
3. 賴利‧佩奇（Google 公司）

4. 拉里・埃利森（甲骨文公司）

5. 沃爾頓家族（沃爾瑪公司）

　　你也許會注意到，大多數公司的股票都有上市，我們可以用買股票的方式投資。所以，請繼續擴大自己的搜尋列表。瀏覽一下清單，你會找到更多的投資發想。

第十四章

最好的公司

在上一章中，我們分享「利用搜尋最富有人的名單及財富來源」，以激發各種投資點子。還有另一種方式，「尋找擁有良好工作文化的公司」。

畢竟，得靠公司內的人努力工作，才能成就偉大的公司。所以，投資「員工滿意的公司」也是不錯的點子。

要找到這類名單，可以在財富雜誌《Fortune》的網站或求職網站Glassdoor裡找。這些網站每年都會依員工滿意度對公司進行排名。就我們在二〇一九年五月二十二日在《Fortune》和Glassdoor找過的「理想工作環境：員工的選擇」中包括了：

1. 賽富時Salesforce（在Glassdoor排第十一；在《Fortune》排名第二）

2. 思科（在Glassdoor排第六十九；在《Fortune》排名第六）

3. 財捷Intuit（在Glassdoor排第三十八；在《Fortune》排名第二十四）

上面這些都是好公司，我們希望能對它們多做些研究。因此，打開你的網頁瀏覽器，開始為你最新的列表搜尋。說不定會有新的驚喜發現。

第十五章
購物中心

眾所周知，華倫·巴菲特曾說過，比起在華爾街，他更喜歡到大街上選股。他有一些主要持股，像是卡夫食品、可口可樂、美國運通、富國銀行集團。猜他是怎麼想到這些股票的？

答案是：他是這些企業的客人。

在第五章中，我們談到在能力圈內找到適合投資的企業。如果你喜歡購物，你也很容易像華倫一樣找到一些不錯的公司。

即便你不喜歡購物，你也可以多留心以下幾點，來找到一些不錯的公司：

1. 哪些商店的客人很多，而且經營多年了？

_____

_____

_____

_____

2. 哪些產品的服務受歡迎，並不斷增長？

3. 大家都定期買哪些必需品？

4. 超市裡人們必買的東西是什麼？

_____

_____

_____

_____

_____

5. 大型零售店裡人們必需的東西是什麼？

_____

_____

_____

_____

_____

　　看一看上面你列出的五份清單，有可能會找到你想投資的公司。如果有的話，請翻到第十二章提到過的金融相關網站，查看該公司的業務資訊，是否符合能讓你滿意的投資特徵。

第十六章
最好的投資者

　　本章中，你將學會有用又直觀的投資點子：看看世界上最好的投資者的投資組合是什麼。這麼說來，應該要盯住「最好的投資者」。因為這些人和那些定期買進賣出的短期交易員不同，這些投資者會長期持有這些股票組合，一抱就是好多年。

　　此外，想去追蹤那些短期交易員也是徒勞，因為他們的投資組合變化得太快，變動程度也太大，看不出有什麼值得研究的訊息。

　　在本章中，我們會介紹一些值得追蹤的最好投資者。要搜尋他們的投資組合，只要用 Google 搜尋投資者姓名加上投資組合即可。

　　以下是世界上一些偉大投資者的名單。

1. 華倫‧巴菲特

　　華倫‧巴菲特是波克夏‧海瑟威公司的董事長兼執行長。截至二〇一九年三月止，其投資組合裡前五大股票是：

編號	代碼	公司	行業
1	AAPL	蘋果電腦	消費電子產品
2	BAC	美國銀行	銀行
3	WFC	富國銀行	銀行
4	KO	可口可樂公司	非酒精飲料
5	AXP	美國運通	信用服務

2. 霍華·馬克斯

　　霍華·馬克斯在一九九五年創建橡樹資本管理公司。在此之前，他在TCW投資管理公司擔任固定收益投資首席投資長，負責監管不良債務、高收益債券和可轉換證券。

　　截至二〇一九年三月止，其投資組合裡權重佔比最高的前五大股票是：

編號	代碼	公司	行業
1	VST	維斯達能源公司	公用事業
2	TRMD	Torm公開有限公司	工業
3	SBLK	星散船運公司	運輸物流
4	ALLY	Ally金融公司	銀行
5	TSM [1]	台積電	半導體

---

[1]　此為台積電美股代碼TSM，和台灣常用縮寫TSMC不同。

3. 喬爾‧葛林布萊特

　　喬爾‧葛林布萊特和他的合夥人，羅伯特‧戈德斯坦共同經營戈坦資產管理公司。他是哥倫比亞大學的兼職教授，著有兩本好書《打敗大盤的獲利公式》（*The Little Book That Beats the Market*）和《你也可以成為股市天才》（*You Can Be a Stock Market Genius*）

　　他是一位傳奇投資人物，在一九八五年創辦戈坦公司後，他一直在使用他稱之為「神奇公式」的策略，每年替公司獲利百分之三十。

　　截至二〇一九年三月止，其投資組合裡權重佔比最高的前五大股票是：

編號	代碼	公司	行業
1	HON	漢威聯合	多角化工業
2	VZ	威訊通訊	通訊業
3	AAPL	蘋果電腦	消費電子產品
4	MO	奧馳亞集團公司	菸草業
5	PYPL	PayPal 支付公司	信用服務

4.賽思‧卡拉曼

　　賽思‧卡拉曼是有名的對沖基金的經理和價值投資的專家。

　　截至二〇一九年三月止，其投資組合裡權重佔比最高的前五大股票是：

編號	代碼	公司	行業
1	FOXA	二十一世紀福斯影業	娛樂產業
2	LNG	錢尼爾能源	石油＆天然氣加工
3	VSAT	Viasat 公司	通訊業
4	QRVO	科沃公司	半導體
5	AGN	艾爾建製藥	製藥業

5. 馬里歐‧加百利

　　馬里歐‧加百利自一九八六年以來，一直在經營 GAMCO資產管理公司。

　　曾在一九九七年榮獲「晨星基金年度最佳經理」獎；二〇一〇年年度投資管理最佳基金經理獎（Institutional Investor's Money Manager of the Year）。

　　截至二〇一九年三月止，其投資組合裡權重佔比最高的前五大股票是：

編號	代碼	公司	行業
1	MSG	麥迪遜廣場花園體育公司	休閒
2	SNE	索尼公司	消費電子產品
3	BK	紐約梅隆銀行	資產管理
4	RHP	萊曼酒店地產公司	不動產投資信託—飯店旅館
5	FOX	二十一世紀福斯影業	娛樂產業

6.格倫‧格林伯格

　　格倫‧格林伯格於一九八四年，和約翰‧夏畢洛一起創立「酋長資本管理公司」。二〇〇九年末，兩人發生衝突後分道揚鑣。格倫留在現有公司，並改名為「勇士顧問公司」。

　　截至二〇一九年三月止，其投資組合裡權重佔比最高的前五大股票是：

編號	代碼	公司	行業
1	GOOGL[2]	字母控股	網路資訊服務
2	ADS	聯合數據系統公司	信用服務
3	SCHW	嘉信理財集團	資本市場
4	JPM	摩根大通集團	銀行
5	RJF	雷蒙詹姆斯金融公司	資本市場

---

[2]　字母控股 Alphabet Inc.，是 Google 的母公司，交易所代號有 GOOG 和 GOOGL 兩種，前者為 C 股、後者為 A 股，A 股有投票權。

7. 湯瑪斯・蓋納

　　湯瑪斯・蓋納自一九九〇年來，一直是馬克爾・蓋納資產管理（馬克爾公司的投資部門）的主管。馬克爾公司被人稱為迷你波克夏。

　　截至二〇一九年三月止，其投資組合裡權重佔比最高的前五大股票是：

編號	代碼	公司	行業
1	BRK.A	波克夏・海瑟威公司	保險
2	KMX	車美仕	汽車業
3	BAM	布魯克菲爾德資產管理	房地產
4	DIS	華特迪士尼公司	娛樂產業
5	DEO	帝亞吉歐	酒業—釀造酒和蒸餾酒

結論

　　我們可以找到世界上最有價值的投資者正在做什麼事的資訊，從他們的行動中獲取投資點子。好像這些厲害的投資人在替我們工作，幫助建立投資組合一樣。我們的網站會持續追蹤這些最有價值投資者的最新動態和行動：www.buffettonlineschooI.com。

秘密 4

金融護城河

第十七章
什麼是金融護城河？

在成為一名全職投資者之前，我是一名軍官。仔細想想，有很多軍事戰略也能應用在投資上。

以前在軍官學校受訓時，學到一個能用在投資上重要的經驗。那時我們在進行雙邊軍事演習，要用模擬雷射武器追擊並消滅另一支隊伍。這是我第一次的任務，小隊隊長叫阿爾弗雷德。我們都戰意十足（注意，當時為了避免被敵方發現，所有對話都是用氣音在講）。

「太好了！我們把他們拿下！來吧，我們走！」阿爾弗雷德自信地命令道。

我們備好武器，開始移動，這時指揮官舉起手示意要我們停下。

「你們想去哪裡？」他問。

「去消滅另一支隊伍，長官！」阿爾弗雷德毫不猶豫就回答。

「你們打算如何消滅他們？」指揮官又問。

「呃……對他們開槍？」阿爾弗雷德和其他人一樣，被指

揮官的問題弄糊塗。

「如果現在過去，只有一半的機會成功，即使贏了，也會犧牲很多兄弟。」指揮官堅定地說。

然後我們變得更困惑。死亡和受傷不是本來就是戰鬥的一部分嗎？

「有人能告訴我，為什麼你們有自信能打敗對手？你們有多少武力，他們又有多少？」指揮官問。

「我們有七名隊員，他們也是，長官！」阿爾弗雷德回答。

「所以你們毫無優勢就決定出擊？」指揮官語氣聽起來很不解。

「長官，我們很迅速，也比較強壯！」我們當中另一名隊員艾德溫表達了他的看法。

「他們也覺得自己更強壯。」指揮官回答。

看到我們一臉困惑，他示意我們坐下，好好聽他解釋。「在戰爭中，如果不是勝券在握，便不要投入戰鬥，不然就和自殺任務沒兩樣。」

「要和敵人正面交鋒時，得確保我方兵力更多，至少是敵方的三倍。這才會有明顯的優勢，大大增加獲勝機會，明白嗎？」

「是的，長官！」我們回答。

「但在這種情況下，雙方各七人，我們不可能有明顯優

勢。」我說。

「除了兵力數量外，還有什麼其他方式能取得優勢？在去送死之前，最好先動動腦。」我們的長官問道。

我們開始腦力激盪，想到以前長官在演講廳說過的話，各種點子湧現。

「目前為止，有什麼好點子？」過了一會，我們的長官問道。

「長官，可以靠地形取得優勢，」一名叫菲爾德斯的隊員說：「可以到山頂作戰制伏他們。要攻上山的難度大得多，佔據山頂對敵情會掌握得更清楚。」

「取得優勢的絕佳範例！」長官表示贊同，「不幸的是，正如你看到，最近的山離這裡有三公里遠，敵人不見得會被引過去。不過你想得很好。」長官點點頭，「還有其他的嗎？」

「長官，另一個方式是，用砲兵在交火前先向他們開火。事先折損對方兵力，讓對方受傷或死亡，這樣就有更大的優勢。」

「很好！但這場戰鬥中沒有砲兵支援。再多想些點子吧！」我們的長官看起來很高興。

經過一番討論後，我們決定向對方發起突擊（注意，這個過程不到五分鐘……我不想讓你們以為我們花了一小時在討論）。

「如果能預估他們的行經路線，並在轉角處埋伏，就能在

他們通過時，以突擊取得優勢，而且之後還找得到掩護。」阿爾弗雷德和長官講解計畫。

長官藏不住他的笑容，豎起大拇指，我們便開始行動。悄悄移動到埋伏地點，把自己藏好等待敵人接近。等了十五分鐘，他們直接來到我們預估的區域。

「開火！」阿爾弗雷德大喊，眾人無情向敵人發射數發子彈，對方沒有人來得及反應也找不到我們的藏身處，最後成功清除這區域的敵方勢力，沒有一個隊友受傷，除了阿爾弗雷德；他因為戰鬥命令叫得太大聲而喉嚨痛。

那天我們學到的關鍵一課是：始終在戰鬥中保持優勢。

金融護城河：
在商業世界中的優勢

我們經常在投資領域中運用「尋找優勢」的策略。我們只投資比其他公司更具優勢的企業。華倫·巴菲特喜歡用一個比喻來解釋這個點：城堡周圍的護城河，可以確保額外的保護。

他稱之為，金融護城河。

想像一個企業就像一座城堡。讓這城堡能承受住攻擊的方式，就是在周圍建一條護城河。

護城河愈深愈寬，城堡就愈不容易受到攻擊。

被護城河包圍的城堡就像是擁有持久競爭優勢的企業，這種優勢使企業能夠持續吸引和留住客戶。

在經濟情勢好的時候能夠獲得豐厚的利潤，在經濟情勢不好的時候也能持續經營並生存下去。有了護城河，產品價格即使提高，也能留住顧客。

沒有護城河的企業會在經濟困難時苦苦掙扎，有的公司會因此而破產。

當經濟好轉時，有護城河的企業會獲得更大的利潤，因為其他競爭對手都被消滅了。

認出護城河

要知道企業是否具有持久競爭優勢，請回答下列五個問題：

五個問題

1. 該企業的「價值」（提供的產品或服務）是什麼？

2. 該價值是否能由其他人提供？

3. 我會選擇從其他家公司來獲取這個價值嗎？

4. 為什麼我寧願從這家公司得到我要的價值，而不選其他公司？

5. 從長遠來看，問題4的答案是否能一直保持？

接下來的章節中，我們會研究不同類型的金融護城河，以此區辨強勢公司和弱勢公司。

第十八章

品牌

以下提到的產品，你第一時間會想到什麼品牌？

軟性飲料

尿布

嬰兒用品

速食餐廳

報紙

這些東西我常買；所以算是在我的能力圈內。說到飲料，大多數人會想到可口可樂或百事可樂；尿布則是幫寶適；嬰兒用品則是嬌生。說真的，幫寶適這個品牌非常強大。我們尿布用完時，通常會說要去買「幫寶適」，而不是說去買「尿布」。這些公司已經訓練我們把特定品牌和產品關聯起來。

大多數人需要買家具時，第一個想到的品牌是宜家家具。注意一下，我說的是「大多數人」，因為總會有人不喜歡上述這些牌子。即便如此，提到特定產品時也很難不聯想到它們。

這些公司建立出來的品牌，已經強大到在你心中佔有一片田地了。

擁有強大品牌的公司，很可能在商業上擁有持久的競爭優勢。

有些公司在產品和服務上，明顯和其他競爭對手不同。同一行業競爭時，也能讓自己鶴立雞群。

iPhone就是一個很好的例子。iPhone不單單只是手機。人們會聯想到特定的印象和品質，而不僅是一支電話。

另一個例子是肯德基。當你想吃炸雞時，肯德基這個牌子會引領這些飢腸轆轆的客人來到它們店裡消費。

但是擁有強大的品牌並不見得能確保持久的競爭優勢。品牌必須轉化成利潤。我們談到尿布和相機時，你可能會想到幫寶適或柯達，但我們不見得一定會買它。要檢驗一個品牌是否有競爭優勢的方式之一是，看看該企業的產品訂價是否有辦法比競爭對手高。

我們再來看看耐吉。這間公司的品牌讓其產品售價明顯高過其他對手，卻仍能吸引到客戶。你知道漢堡王和麥當勞的漢堡去掉招牌的話，它訂價訂得比別人的貴多少嗎？

高度創新行業的複雜性

我們需要能夠辨認,哪些公司能用品牌或是法律手段讓自家產品與眾不同。所以當你在尋找要投資的公司時,「產品區辨度」是一個不錯的發想。我們身處一個高科技的世界,假設提供的是別人有辦法模仿的產品,其獨特性就會受到損害。

倘若我們發現,想買的股票得不斷創新才能生存,反而需要小心,這些企業很可能沒有強大的護城河。

我們要找的是,產品和服務不太需要研發的企業。當然這不是說企業不該在研發上投資鉅額資金,而是要避開那些「不研發就生存不下去」的公司。

我們回顧一下iPhone和肯德基的例子。即使iPhone在這年代是個獨特而傑出的產品,但我們仍需注意,若是有更多新的產品被開發出來,那領導行業發展的龍頭也可能迅速換人。

比方說,三星就和iPhone挑戰市場領導者的地位。雖然iPhone有很多忠實顧客,但大多數人都準備好要跳槽,想試試另一家公司手機的新功能。

另一方面,肯德基就不太需要創新,或是只需要一點點。雖然會不斷推出新產品,像是不同口味的炸雞、起司薯條、雞肉捲沙拉,但肯德基上校的吮指炸雞一直都在。新推出的產品可能會因為受歡迎而變成固定菜單,其他的只是曇花一現。

這裡討論的產品只是幫助公司增加利潤的利器，而非以此來決定公司的生存能力如何。肯德基大多數的顧客都想來嚐嚐一百年前開發出來的美味炸雞。從是否需要創新的角度來看，肯德基會比 iPhone 具有更長久的競爭優勢。

第十九章
規模經濟

　　有些企業規模龐大效率又高，可以用削價競爭的方式削弱對手的利潤。它們擁有人們口中的規模經濟。

　　由於生產和採購規模的龐大，平均生產成本會比其他對手低得多。要是這些公司想保持盈利，產品可以輕鬆降價到競爭對手無法承受的低價格。

　　假設你想開一家玩具零售店。你從供應商那裡買玩具，然後訂出售價來獲利。你的對手是另一家經營多年的玩具店，全國有五十家店面。當兩家店在和供應商議價時，誰能拿到更多的折扣？是你，還是一次訂單比多五十倍的對手？答案顯而易見。供應商會給你對手更多的折扣，因為他們不能得罪或失去一個大客戶。所以，你的對手有辦法訂出更低的售價，搶走客戶。

　　除非你有辦法快速擴大業務或找到更多客源，並向供應商下更多的訂單，不然訂價策略上無法和對手競爭。你得要有其他不同吸引客人的手法，才能在這比賽中存活。

那些沒辦法突顯自己產品特性的小店，就只能對上天祈禱了。他們只能待在固定地點，用別的服務方式吸引和留住客戶。這樣的小店生存會有困難，因為具有規模經濟的對手競爭優勢會一直存在。

　　美國亞馬遜公司就是很好的例子。他們擁有龐大的網路，和絕佳的議價空間。正因如此，他們能比競爭對手用更低的價格推出各類產品，從書籍到冰箱都有，還賺得更多，這些獲利又會再投入行銷，以及付給員工更多薪水。

第二十章
受法律保護

　　一些公司在業務上得到法律的保護。這些法律包含合約或是政府規範。新加坡的證券交易所就是一個政府監管的例子。就政府的說法，認為這個國家只能有一家證券交易所，所以基本上它是一種壟斷。

　　如果你想在新加坡交易所上市，除了新加坡證券外，沒有別的選擇。相比之下，美國就不同，有紐約證交所或那斯達克之類的。

　　專利法的保護也可能會阻止對手一起競爭。這在製藥產業相當明顯。製藥公司會為自己的產品申請專利，以保護智慧財產權。在保護期間，未經產權人同意，其他人不得製造、使用、銷售或是進口受專利保護的藥物。但專利期一過，競爭對手要「複製」這些已發明的藥物就成了合法的行為。

　　「撲熱息痛」就是一個很好的例子。它是一種用於治療輕微疼痛和退燒的止痛藥。本來是嬌生旗下的泰諾專賣，在「撲熱息痛」專利過後，普拿疼和Feverall等藥品名已佔據泰諾本來的市場分額。

因此，專利可以視為阻止競爭者進入市場的法律壁壘。這對企業來講最重要的是，趁著專利保護期間，打造自己品牌，以獲得市場領導地位。

第二十一章
高轉換成本

我有一個好友叫丹尼斯，他是個無可救藥的花花公子，經常在午餐或晚餐時和我們介紹他的新女友。我們每個禮拜都會認識不同的女士。

丹尼斯很小心，從不做出任何長期承諾。對他來講，「結婚」是個禁忌。

只要他沒結婚，就可以隨心所欲和女人調情，換不同女伴。他這樣就不會產生巨大的金錢、感情或是其他社會成本。

在商業世界中，有一些產品的服務，會讓我們這些客人不知不覺產生解不開的「姻緣」。就像華倫曾說的，「如果你要買一家公司，就好像要跟它結婚一樣，永遠在一起。」

微軟的Office辦公軟體就是個好例子。如果你想從微軟Office轉換到其他辦公軟體，就需要買新的應用程式，和所有相關的桌面應用軟體、伺服器、售後服務。代價巨大。

還得花大量資金和很長一段時間，重新培訓員工使用全新軟體。而且新軟體可能和其他公司使用的軟體不相容，因為大多數的企業都和微軟的Office「結婚」了。

回顧複習

　　我們已經討論四種不同類型的金融護城河：品牌、規模經濟、法律保護、高轉換成本。你能否用它來檢驗之前你列出來的企業，看看它們是否具有長久的競爭優勢？

　　將你列出來的企業分成四類。為了多多練習，你可以想想有哪些公司是符合護城河條件的，也可以追加進來。

　　1. 品牌

_____

_____

_____

_____

_____

_____

　　2. 規模經濟

_____

_____

_____

3. 法律保護

4. 高轉換成本

這些只是金融護城河的例子。在結束本章之前，你需要注意兩件事。

1. 護城河可能不會一直都在

　　即使是最強大的品牌也有被威脅到的一天。看看美國沃爾瑪零售。就算該公司有強大的經濟規模，但因為電子商務的影響愈來愈大，它的護城河也面臨壓力。在網上購物的人愈來愈多，即便是最頂尖的零售店，也會感受到生存壓力。

　　不過，有巨大護城河的公司不會在一夕之間就消失，因為人們要適應創新和新產品也需要時間。所以經常（至少每年）檢查投資組合，並確定你所投資的公司未來十年仍具競爭力，是很重要的事。

2. 有些公司具有多條護城河

　　另一個需要注意的是，有的公司不止一條護城河。像這樣的公司也許有獨特的品牌或是獨一無二的產品，那它的售價也會是數一數二的高。

　　重要的是，你要認得出來自己所投資的企業有什麼樣的優勢。如果哪天這優勢消失了，你才能夠察覺得到。

秘密 5

商業語言

第二十二章
怎麼看財務報表

　　「對不起，請問東京鐵塔怎麼走？」我在東京街道上轉了一個小時，仍不知道要怎麼到達目的地。那是我第一次去日本，那時還沒有Google地圖，也沒有Google翻譯。

　　「日本語が話せますか。」（你會說日語嗎？）那位先生說。

　　「日本語わかりません。」（我不會日語）我用僅知道的幾句日文來回應。

　　那位先生接著用日語跟我說了五分鐘，然後禮貌地鞠躬離開。

　　處在異國城市，感到非常茫然，因為我無法理解當地語言。

　　對許多人來說，股市就像是個異國城市，那些有經驗的投資者講的話像是外國話。這也是為什麼很多人對股市茫然，不知道怎麼到達目的地。要面對這個問題，就是要學習投資語言。接下來的章節，瑪麗和我會教你商業用語。只要有人引導，你會發現原來它這麼簡單。

商業語言

會計是商業語言。在本書的這一部分，我們會看三份財務報表，讓你能評估企業，並從中得出，該項投資是否是好投資的依據。

我們會用三種不同類型的公司，幫助你理解財務報表。這些公司各有一個老闆：

1. 王先生，擁有一家餐飲公司。
2. 艾哈邁德，有一家小公司。
3. 珍，經營一家建築公司。

他們各自營運多年，也都有自己的股東。每年都會替股東編製財務報表，總結公司營運狀況。

注意：在證券交易所上市的公司，需要向證券交易所報告季度或半年度的業績，並向社會大眾公開。

為了達到評估企業的目標，我們會看每家公司的年度財務報表。

這裡的報表主要有三種：

1. 資產負債表
2. 損益表

3. 現金流量表

仔細檢查這些報表，你能夠確定買哪一家公司的股票會是好投資。

要到哪裡找到這些財務報表？

第一步：用Google在網路上搜尋該公司名稱。
第二步：連到該公司網站。
第三步：找找看有沒有「投資人關係」的內容並點擊。
第四步：在裡面看看有沒有介紹或是年度報告。
第五步：打開或下載年度報告。
第六步：年度報告會包含上面提到的三份財務報表，還有其他有關的詳細資訊。

更快的方法

在Google上搜尋「公司名稱＋年度報告」。例如，搜尋「ABC公司年度報告」。通常會看到最新的年度報告連結。如果想找過去的報告，也可以用上面的方法。

第二十三章
資產負債表

　　資產負債表是一個企業有哪些資產和有哪些負債的紀錄。
為了能理解資產負債表是什麼，就得了解我們每個人其實都有
資產負債表。想想你擁有什麼，和欠缺什麼，然後花點時間把
它列出來。

　　資產負債表有三個主要部分：

1. 資產：企業擁有的東西。
2. 負債：企業欠的債。
3. 權益：也就是所謂公司的淨資產。

　　為了幫你更好理解這些名詞，還有資產負債表是怎麼編製
的，我請我朋友湯米分享他個人的資產負債表。

　　看看湯米個人的資產負債表，來評估他的財務狀況。

湯米個人資產負債表；2018年12月31日			
資產		**負債**	
流動資產		**流動負債**	
銀行裡的現金	$3,000	信用卡帳單	$500
iPhone	$1,000	向岳母借的錢	$2,000
名牌衣服	$500		
筆記型電腦	$1,200	**非流動負債**	
		房屋貸款	$400,000
非流動資產		汽車貸款	$7,000
汽車	$10,000		
房子	$500,000	**總負債**	**$409,500**
總資產	**$515,700**	**權益**	**$515,700**
		淨值	**$106,200**

　　首先，我們來看看他的資產。你可以看到我們區分流動資產和非流動資產。通常流動資產是指一年內會用完或是很快會轉換成現金的資產。

為了便於討論，湯米把他最新的iPhone、筆記型電腦和品牌服裝歸類為流動資產。這些物品的現值，是以立刻變現金額估計得之。

這些價值是波動的，現金金額每天都可能變化，因此資產負債表只是某個特定時刻的瞬間。在本書中，我們假設這是湯米在二〇一八年十二月三十一日的資產狀況。

可以看出，湯米的個人財產價值 $515,700，這表示，如果他把所有東西都賣掉變現的話，他大概會有 515,700 元。

但別忘了他也有負債：他欠錢。這裡也看出來有流動負債和非流動負債。

流動負債是一定要在一年或更短時間內償還（信用卡帳單和欠岳母的錢）；非流動負債則是償還期間可以超過一年的債務。

所以，即便湯米出售所有資產，得到 $515,700，我們也別忘了，他必須償還所有債務。他負債的總和是 $409,500，兩個相抵消的話，他會剩下 $515,700 – $409,500 ＝ $106,200。

這裡 $106,200 被稱為湯米的淨資產。在會計術語中，湯米的資產負債表被稱為「權益」，也就是：

權益＝資產－負債

接下來，我們複製了王先生、艾哈邁德、珍的資產負債表。我們一個一個看，很快就知道要怎麼了解他們的公司。

我們先看看王先生餐飲業的資產負債表。

王先生餐飲公司資產負債表；2018年12月31日			
資產		**負債**	
流動資產		**流動負債**	
現金	$10,000	應付帳款	$20,000
存貨	$20,000	短期債務	$20,000
應收帳款	$10,000		
非流動資產		**非流動負債**	
家具	$50,000	長期債務	$30,000
設備	$30,000		
總資產	**$120,000**	**總負債**	**$70,000**
		權益	
		資本	$30,000
		保留盈餘	$20,000
		總權益	**$50,000**

　　一旦我們仔細觀察王先生的資產負債表，就很容易理解這間餐飲公司。

　　我們先看資產的地方。記得，資產是公司營運所需要的。

王先生的流動資產

在流動資產的項目下，可以看到現金、存貨和應收帳款。

「現金」是隨時可用的貨幣。餐廳需要現金才能經營。一間公司的現金會視為資產的一部分。目前王先生的餐廳有一萬美元的現金。它們可能放在收銀機中，也可能存在銀行裡。有的財務狀態會細分現金為銀行餘額和零用金（庫存現金）。

「存貨」是指公司產品。以王先生為例，它的庫存可能是生肉、蔬菜、麵條、雞蛋等食品。目前王先生有價值兩萬美元的存貨。但若餐廳沒有客人上門，那這些生食類的存貨可能會在幾天內變質。

「應收帳款」是指王先生應該能從客戶那收到的錢。一般來講餐廳客人都是現場付清，但有的公司的顧客是另一家公司時，可能會晚點付款，通常會在一個月內。這些延遲付款的款項被稱為應收帳款。而王先生有一萬美元的應收帳款。

王先生的固定資產

以目前估計，王先生替這家餐廳購買了價值五萬美元的家具。預計這些家具會用五年，因此這些被視為非流動資產。

這裡「設備」是指王先生的廚具、刀具、碗盤。估計價值三萬美元。這是基於把這些東西在市場拋售後能換來的錢所估計的。

注意：王先生是怎麼替家具和設備估價的？

通常公司會評估這些資產的使用年限，然後以時間攤銷它的成本。例如，假設王先生以$5,000買了100張桌子，預計會使用5年。那這帳目反映出來這桌子的價值會每年減少$1,000。$5,000 ÷ 5年 = $1,000

所以在第一年的表上，這些桌子的價值會是$5,000；第二年會是$4,000。直到第六年就會變得一文不值。這就是所謂的「折舊」（不同公司會依業務不同，採用不同的折舊計算）。

我們可以看到，王先生的總資產是$120,000，我們可以假設，大概需要$120,000才能打造出像王先生那樣的餐飲公司。

王先生可能有兩種方式得到這$120,000的資金：

1. 使用自己的錢挹注資本。
2. 和別人借（可以是錢或是其他物品）。

我們再來看看王先生負債的情況。

王先生的流動負債

「應付帳款」是王先生公司應該要付給供應商的款項；所以才會是「應付」。王先生每個月會從供應商那裡買到生食食材，食材交貨後他有六十天的時間付清帳款。

資產負債表上顯示有$20,000的應付帳款，這反映出他購買生食的情況。一些王先生還沒付，他得盡快付清，所以這算是一種負債。

在貸款那一項有$20,000的銀行貸款，每年都要償還。這些錢是王先生用來購買設備和家具的錢。

王先生的非流動負債

「長期債務」的項目下顯示有$30,000，這裡的債務，王先生可以用一年以上時間償還。債務期限接近一年的會被視為「短期債務」。

從這裡，我們可以看到王先生的總負債為$70,000，而開這家餐廳需要$120,000的資產。我們可以說，這$120,000裡，有$70,000是從債務和應付帳款中提供的。

王先生的權益

最後來看看王先生的權益，也就是企業的淨值。記住：資產−負債＝權益。簡而言之，倘若我們出售王先生的所有資產，我們會得到$120,000，但仍需支付$70,000的負債，扣除後，剩下$50,000，這才是真正屬於王先生和股東的錢。

我們可以看到資產負債表上的權益有兩個項目。

「資本」是指王先生及其股東創辦企業時投資的資金。這裡會看到當初投入的金額是 $30,000。

$20,000的「保留盈餘」是指這公司之前盈利的錢，這些利潤會用來投資公司，繼續提供資金。

當王先生的公司賺錢時，它會用股息的方式返還股東，或是以「保留盈餘」的方式留在公司中，並反映在資產負債表中。

我們已經看過王先生的資產負債表，再來快速看看艾哈邁德和珍的資產負債表。

在本章結束前，會討論一些重要的比例，告訴你在看資產負債表時有哪些重要事項要注意。

艾哈邁德顧問公司資產負債表；2018年12月31日			
資產		**負債**	
流動資產		**流動負債**	
現金	$10,000	應付帳款	$0
存貨	$0	短期債務	$5,000
應收帳款	$10,000		
公司股票	$30,000		
非流動資產		**非流動負債**	
家具	$5,000	長期債務	$10,000
設備	$5,000		
總資產	**$60,000**	**總負債**	**$15,000**
		權益	
		資本	$25,000
		保留盈餘	$20,000
		總權益	**$45,000**

　　這裡有個有趣的地方，艾哈邁德的資產負債表上沒有任何存貨或應付帳款。

　　我們問過艾哈邁德，他解釋說，因為他從事的主要是諮詢業務，所以沒有任何存貨，不需要在公司放什麼產品（不像王先生的餐飲公司），就能賺錢。

這很合理，因為諮詢是一種知識上的服務。艾哈邁德的顧問團隊拜訪客戶，提供諮詢服務。沒有存貨自然也沒有供應商，因此沒有應付帳款。

這裡可以看到艾哈邁德要成立這間公司需要 $60,000。它分別是由 $15,000 的負債和 $45,000 的權益提供。

珍建築公司資產負債表；2018 年 12 月 31 日			
資產		**負債**	
流動資產		**流動負債**	
現金	$300,000	應付帳款	$150,000
存貨	$200,000	短期債務	$100,000
應收帳款	$200,000		
非流動資產		**非流動負債**	
辦公設備	$150,000	長期債務	$400,000
設備	$600,000		
土地	$500,000		
總資產	**$1,950,000**	**總負債**	**$650,000**
		權益	
		資本	$800,000
		保留盈餘	$500,000
		總權益	**$1,300,000**

珍從事建築業。要經營這間公司需要的總資產高達數百萬美元。她的「存貨」是鋼鐵、磚頭、水泥和其他建築會需要的各種材料。

你也會發現珍擁有價值$500,000的「土地」和價值$600,000的昂貴「設備」，像是卡車和各種機械。珍的總資產為$1,950,000，這是由$650,000的負債和$1,300,000的權益所提供。

我們希望你對商業語言和資產負債表更熟悉。如果你是會計新手，那我們會慢慢瀏覽財務報表，並再三重複某些重要的概念，幫助你能更熟悉該語言。

重要的比例和在資產負債表中要注意的數字

資產負債表中所有資訊都很重要。特別是一些能看出該公司業務表現的資訊；這些資訊可以經由問一些基本問題並推測得知：

1. 權益是否隨著時間經過愈來愈多？

　　我們希望一家企業的淨資產會隨時間推移而愈來愈多。如果我們要買一家公司的股票，會希望這企業愈來愈

有錢。淨資產是衡量一家企業經營狀況的直接方法。這也是華倫‧巴菲特用來評價自己的波克夏‧海瑟威公司的主要方式之一。

在前面例子，我們只看到一年的紀錄。想要全面了解一家公司體質是否健康，還需要查看過去幾年的資產負債表。看看利潤是否在增加？負債是否在減少？

2. 企業是否有鉅額債務？

背負鉅額債務很危險。若是整個市場或是該行業的經濟狀況表現都不好，而該公司又背負鉅額債務，可能會很麻煩。假設公司無法籌到資金還款，欠銀行的利息會以複利的方式滾動，債務金額將會增加。

這是公司破產的主要原因之一。如果沒有鉅額債務，破產的可能性就會低很多，不是嗎？

我們再看看那三家公司的資產負債表。你會發現這些公司都有以下債務：

	短期債務	長期債務	總債務
王先生	$20,000	$30,000	$50,000
艾哈邁德	$5,000	$10,000	$15,000
珍	$100,00	$400,000	$500,000

這些資訊告訴我們些什麼？

也許有的人已經得出結論，珍的建築公司債務比其他兩家都多得多，所以投資該公司會非常危險。這聽起來似乎很合理，但我們還得了解和債務有關另一件事，公司規模的大小。

為了幫助你理解，我們舉兩個人當例子，格林菲爾德女士和普里西拉女士。格林菲爾德個人欠債三萬美元；而普里西拉則是六千萬美元，誰的處境更危險？

乍看之下，普里西拉的六千萬美元的債務會讓人捏一把冷汗。但這裡再補充一些資訊。

格林菲爾德今年十八歲，身家三千美元。而普里西拉女士是馬克・祖克柏的妻子，在撰寫本文時，馬克・祖克柏的總資產淨值估計是六百億美元。

你再仔細想想：

格林菲爾德女士的債務（三萬美元），比她的淨資產身價（三千美元）高出十倍；而普里西拉的債務（六千萬美元）是她淨資產（六百億美元）的千分之一。

現在來看，誰的處境更危險？

負債權益比

我們會用「負債權益比」來評估兩家公司的風險。主要是比較此人的債務和權益（淨值）。

我們現在用「負債權益比」檢驗本章前面提到的三家公司，看看它們經營得如何。

	短期債務	長期債務	權益	負債權益比
王先生	$20,000	$30,000	$50,000	100%
艾哈邁德	$5,000	$10,000	$45,000	33%
珍	$100,00	$400,000	$1,300,000	38%

如果你想知道「負債權益比」的百分比是怎麼來的，我們將總債務（短期負債加長期負債）除以權益就得出來了。

總債務 ÷ 權益＝負債權益比

例：珍的公司

總債務為（$100,000 + 400,000）＝ $500,000

權益＝ $1,300,000

負債權益比＝ $500,000 / $1,300,000 ＝ 38%

根據這些資訊，可能看出來，負債比率最高的是王先生的

餐飲公司。

好的負債權益比要低於50%。

我們以珍為例，儘管她的債務總額高達$500,000，但我們知道她企業的淨值是$1,300,000；而且她的土地和設備價值也高過她的債務。這意味著只要她出售部分資產，便能輕易還清債務。

當你在看一家公司資產負債表時，可能會看到在本書中尚未提及的項目。

公司在增長，也可能會出現你不認識和新的資產和負債類型。

想要看懂資產負債表上的每個項目，需要看年度報告的附注。以我們自己的原則來講，如果資產負債表上的項目過於複雜，則會傾向不投資該公司。

結論

一家公司的資產負債表中，有兩件事是我們會關注的：

1. 權益（也稱為「帳面價值」），是否逐年增長？
2. 這家公司的負債高嗎？這裡會看當前的「負債權益比」來確定。

接下來幾章裡，我們會介紹能幫你選擇投資公司的其他因素，並列出一份清單。

第二十四章
損益表

　　在本章中，我們會看到一份更令人興奮的報表：損益表。
之所以會說令人興奮，因為它可說是一家公司的成績單。

　　回過頭來再看看我們的朋友，湯米。看看他二〇一八年的
損益表。

湯米的損益表；2018 年 12 月 31 日	
收益	
薪資	$40,000
授課服務	$12,000
公司舞會抽獎	$2,000
股利股息	$5,000
總收益	**$59,000**
費用	
房租	$12,000
交通費	$10,000
伙食費	$7,000
電話帳單	$2,000
銀行利息	$2,000
度假	$5,000
所得稅	$2,000
費用合計	**$40,000**
淨收益（儲蓄）	**$19,000**

你個人的損益表概括出你今年賺到的錢減去花掉的錢。剩下的就是這年你能儲蓄下來的金額。

王先生的損益表；2018年12月31日	
收益	
收入	$50,000
銷貨成本	$25,000
收益合計	**$25,000**
費用	
租金	$7,000
薪資	$7,000
折舊	$2,000
電費帳單	$1,000
銀行利息	$2,000
費用合計	**$19,000**
稅前利潤	$6,000
稅	($1,000)
淨利	**$5,000**

現在看一下我們那三家公司的損益表。我們先從二〇一八年王先生的餐飲公司開始。

為了便於解釋和計算，我們表上的數字會簡化，而不是一下就數百萬美元。

「收入」是銷售額，或從客戶那裡收到的款項。換句話說，王先生在二〇一八年出售了價值五萬美元的食物。

「銷貨成本」是王先生要製造出價值五萬美元的食物所耗費的食材成本。若王先生每盤麵售價 $5，而且賣了 10,000 盤麵，那他就從能顧客那裡收到 $50,000。

他估算，每售出一盤麵，所用的食材（麵條、蛋、肉、蔬菜等）的成本是 $2.50。那該年出售麵條所耗的成本就是 $2.50×10,000 盤＝$25,000。

這 10,000 盤的「收益合計」就是 $25,000。這是賣麵的收入減去製麵成本所算出來的利潤。

如果收益合計太少，那公司就不值得繼續經營。

要算出真正的利潤，或是所謂的淨利，還得扣掉王先生經營時的其他費用，像是租金、工資、折舊、電費和銀行利息。

以王先生的情況來看，這些費用是 $19,000。

記住，表上有一行寫著「折舊」。當王先生購買他的設備或家具時，他會估計這些資產的使用年限。例如，王先生以 $5,000 買了 100 張桌子，預計使用 5 年。帳目上會反映這一百張桌子每年會減少的價值為：$5,000÷5 ＝ $1,000。

這$1,000被稱為折舊，即資產價值的減少。這個會在下一年被列在費用。王先生還得估算出這些資產的折舊價值，像是廚房設備和廚具。雖然這些資產他已經全額付清，但在購入當年度，他並不會把全部的折舊金額列在損益表裡，而是分別在這五年期間出現在費用裡，這更能真實反映出情況。所以，假設他是在二〇一九年買這些桌子，他不會把$5,000列在當年費用，而是會在二〇一九年、二〇二〇年、二〇二一年、二〇二二年和二〇二三年每年都會有$1,000折舊的費用。因為這麼做更能反映他每年的利潤，而非在購買家具那年一次扣除。

　　所以$25,000減掉$19,000的總費用，我們會有$6,000。這個就是稅前利潤。一些投資者用它來衡量企業的業績。但我認為，良好的稅務規劃也是在公司管理職責上重要的一環，所以我們關注的是淨利。

　　淨利是股東可預期並視為自己的最終利潤。這是一家企業支付完所有費用和繳稅後，一年的勞動成果。二〇一八年，王先生的餐廳淨利有$5,000。這樣的利潤是否算好？這個問題，在看過另外兩家公司後再討論。

艾哈邁德的損益表；2018年12月31日	
收益	
收入	$40,000
銷售成本	$10,000
收益合計	**$30,000**
投資收益	$10,000
費用	
租金	$10,000
薪資	$5,000
廣告費	$5,000
電費帳單	$1,000
銀行利息	$2,000
費用合計	**$23,000**
稅前利潤	$17,000
稅	($2,000)
淨利	**$15,000**

正如前面所講過的，艾哈邁德的業務跟王先生的不一樣，艾哈邁德的顧問服務公司有$10,000的銷售成本，這是因為公司聘雇外部的顧問而獨立出來的支出。

在公司有$40,000的經營收入同時，也要支付$10,000銷售成本，付給幫他完成該服務的顧問。

還有一項有趣的發現，這表上還有投資收入。艾哈邁德解釋說，在他工作的時候，發現一些非常好的企業，並投資它們。

如果我們回去看他的資產負債表，會發現艾哈邁德把「公司股票」列為資產。除了這兩項是在王先生的損益表中看不到的外，還有一項是$5,000的廣告花費。

綜觀來看，艾哈邁德二○一八年的淨利有$15,000。

珍的損益表；2018 年 12 月 31 日	
收益	
收入	$4,000,000
銷貨成本	$2,000,000
收益合計	**$2,000,000**
費用	
租金	$500,000
薪資	$320,000
工程服務費	$400,000
電費帳單	$100,000
銀行利息	$80,000
費用合計	**$1,400,000**
稅前利潤	$600,000
稅	($80,000)
淨利	**$520,000**

　　珍的建築公司的銷貨收益合計有 $2,000,000。稅後淨利則是 $520,000。

總結來講：

王先生餐飲業的淨利是 $5,000。

艾哈邁德顧問公司的淨利是 $15,000。

珍的建築公司淨利是 $520,000。

那麼哪一個行業的利潤最多？很明顯是建築業。

利潤穩定很重要

還有一個很重要的問題，是要看公司能否穩定賺錢。檢查每間公司十年來的淨利潤來看它是否穩定。

	王先生	艾哈邁德	珍
2009	$4k	$300	$800k
2010	$4k	$500	-$500k
2011	$4.2k	$800	$20k
2012	$4.5k	$1k	$300k
2013	$4.5k	$3k	$10k
2014	$4.8k	$5k	-$300k
2015	$4.8k	$8k	$700k
2016	$5.2k	$10k	-$50k
2017	$5k	$12k	$300k
2018	$5k	$15k	$520k

王先生、艾哈邁德、珍，
自二〇〇九年來的每年淨利

　　根據過去十年的資料，可以得出以下結論：

　　王先生的業務相對穩定。因為它沒有太大增長，可以視為一家成熟的公司。不過因為這家餐廳已經有固定的盈利模式，也許王先生會用加盟事業的方式擴大餐廳。想想麥當勞和肯德基，你會看到一家能賺錢的公司是怎麼成長到遍布全球的。當然了，這樣的成功很大程度上也歸因於有能力管理這麼大規模的企業。

　　再來看看艾哈邁德，它的業務正在成長。利潤從二〇〇九年的 $300（當時可能只是兼職），增長到 $15,000。該公司在二〇一八年的盈利規模是十年前的五十倍。艾哈邁德的顧問公司似乎還有成長的潛力。而且他並不是完全自己營運，還聘請了外部顧問；由此來看，這公司已經有了外包工作的機制。

　　珍的公司和另外兩家不同，我們稱它為週期性業務。做得好時有利可圖，但有時會賠錢。從上述十年資料來看，該公司在二〇一〇、二〇一四、二〇一六年是虧損的。顯然這間公司的盈利不如另外兩家穩定。身為價值投資的投資者，我們可能不會想投資珍的公司，因為幾年後可能會賠錢……心疼啊！

經營效率

另一個衡量企業經營效率的指標，是看它怎麼運用保留下來的權益。記住：權益基本上就是股東的錢。（這是我們的錢啊！！）

「權益」是股東投注給公司運作的資金，加上公司運作後的「保留盈餘」。如果公司沒有把這些錢分還給我們，那最好就要好好利用它！

我們要怎麼看一間公司是否有好好利用權益？就看看公司為我們創造出來的利潤中，權益在裡面佔了多少比例。

我們簡單回顧一下，二〇一八年三間公司的權益

王先生的餐飲公司	= $50,000
艾哈邁德的顧問公司	= $45,000
珍的建築公司	= $1,300,000

如果我們想了解該公司在二〇一八年的經營效率，那就要看二〇一七年十二月三十一日時它有多少權益；這些權益是公司到了二〇一八年用來創造利潤的資金。

所以我們和各公司確認了二〇一七年的權益各是：

王先生的餐飲公司	= $48,000
艾哈邁德的顧問公司	= $35,000
珍的建築公司	= $1,000,000

現在我們來看看這些公司怎麼利用年初時的權益。這權益佔了盈利多少百分比？這也稱為股東權益報酬率，或股本回報率（Return on equity，簡稱ROE）。

	2015年的權益	2016年的盈利	2016年的股本回報率
王先生	$48,000	$5,000	10.41%
艾哈邁德	$35,000	$15,000	42.85%
珍	$1,000,000	$520,000	52%

正如這裡看到的，珍的股本回報率最高，是52%，其次是艾哈邁德的42.9%，然後是王先生的10.4%。

為了要知道盈利，我們查看每家公司過去的資料，這樣更能了解他們的業績如何，這是過去十年的結果：

股本回報率（ROE）：王先生、艾哈邁德、珍（從2009年開始計算）		
	王先生	艾哈邁德	珍
2009	10.8%	50%	70%
2010	11.5%	52%	-52%
2011	12.3%	48%	18%
2012	11.6%	35%	30%
2013	10.5%	38%	5%

2014	11.5%	43%	-32%
2015	12%	38%	10%
2016	10%	39%	-48%
2017	11%	29%	30%
2018	10.41%	42.85%	52%

一般來說，股本回報率始終維持在15％以上的公司，就是一間優秀企業。

從上面這十年的資料來看，王先生的股本回報率徘徊在10％到12％之間。艾哈邁德的則是29％到52％。珍因為公司有週期性的業務，所以股本回報率從-52％到70％都有。

艾哈邁德股本回報率的波動雖大，但一直很高（幾乎都高於30％）。但珍的波動才真的太大。

身為價值投資的投資者，我們傾向避開股本回報率不一致的公司，更傾向有預測性的企業，這樣才能預測出最後的投資結果。

總結

現在，在你看損益表時，是否能判所出該公司是否盈利。

記住兩件關鍵的事：

1. 要衡量公司是否賺錢，用十年的利潤資料來看比較準確。

2. 從連續十年的股本回報率，可以看出公司利用股東權益的效率如何。

上一章，我們研究資產負債表中關鍵的兩個指標：

1. 權益（又稱為帳面價值）是否有隨著時間增長？

2. 檢查「負債權益比」，看該公司是否有高額負債。

現在又多了兩個標準，可以用來檢驗投資清單裡的公司了。

編號	問題	去哪找解答
1	確認權益是否逐年增長。	資產負債表
2	從負債權益比來確認，公司是否有合理的負債。	資產負債表
3	檢查十年紀錄，看收益是否穩定。	損益表
4	從十年的股票回報率來看公司管理是否有效率。	損益表和資產負債表

第二十五章
現金流量表

　　現金流量表是我們評估企業時要考慮的第三種財務報表。它會顯示該年現金進來和出去的流動狀況——這代表什麼意思？

　　請把現金流量表想像成是你的銀行對帳單，它會記錄你帳戶裡轉進和轉出的金額。看到這裡有的人可能會想：這和企業從客戶那裡收錢和支付費用的損益表有什麼不同？

　　這是個好問題。以下是現金流量表和損益表之間可能有所差異的釋疑：

1. 公司的利潤紀錄中，可能會包含未收到的款項。

　　　我們以人當例子，湯米在三月時教授了價值$1,000的授課服務，也記錄了$1,000的利潤。問題是他得等到四月才能真的收到付款。換句話說，雖然這筆收入在三月就能確定，但可能尚未真的收到該款項。

　　　我們看到的三家企業都有應收帳款。這些就是他們預期該從客戶那裡收到的錢。這會看他們和客戶之間的商業

合約不同而定。一般合約會是三十天、九十天，也可能多到一百八十天。

　　這表示公司已經提供答應對方的產品或服務，並記錄在利潤裡，只是客戶的錢還沒結清。

2. 你該付出的錢還沒真的付。

　　信用卡……有吧？湯米可能用信用卡刷了 $2,000 買新筆記型電腦。但他還沒支付信用卡帳單，因此就算他記下自己花了 $2,000，但這筆錢沒有實際上從帳戶裡轉出。在公司報表中，這筆資金會被視為應付帳款。

　　在製作報表的期間（通常是按季度在編製），這種無關乎是否實際收到或支付的「利潤」和「費用」概念，稱為「權責發生制」。

3. 公司收到或支付的資本，並不影響損益表。

　　有些項目只影響現金，但不影響損益表。例如，湯米向他岳母借 $2,000，所以會有 $2,000 的現金流入。這 $2,000 既不是收入也不是費用，但他要付給岳母的利息會是費用。我們還聽說了，湯米的岳母是位很「可愛」的女士，她向湯米收取每個月 10% 的利息……

　　所以我們已經知道，公司裡的現金流入和流出的各種可能。公司會把現金流量表分為三個子項目。我們來看一下王先生的現金流量表，這樣方便我們了解它所包含的內容。

王先生餐飲公司現金流量表；2018年12月31日	
營業活動產生的現金量	
淨收益	$5,000
折舊	$2,000
應收帳款	($10,000)
應付帳款	$20,000
應付稅	$0
營業活動所產生的淨現金量	**$17,000**
投資活動的現金量	
設備／家具投資	($2,000)
股票買賣	$1,000
投資活動的淨現金額	**($1,000)**
融資活動的現金產量	
債還銀行貸款	($1,000)
發放股息	($1,000)
融資活動的淨現金額	**($2,000)**
產生的淨現金量	**$14,000**

為了看出現金流量表、損益表、資產負債表，都是息息相關的。我們把王先生的損益表和資產負債表一併呈現，方便快速查閱。

王先生餐飲公司損益表；2018年12月31日	
收益	
收入	$50,000
銷貨成本	$25,000
收益合計	**$25,000**
費用	
租金	$7,000
薪資	$7,000
折舊	$2,000
電費帳單	$1,000
銀行利息	$2,000
費用合計	**$19,000**
稅前利潤	$6,000
稅	($1,000)
淨利	**$5,000**

王先生餐飲公司資產負債表；2018年12月31日			
資產		**負債**	
流動資產		**流動負債**	
現金	$10,000	應付帳款	$20,000
存貨	$20,000	短期債務	$20,000
應收帳款	$10,000		
非流動資產		**非流動負債**	
家具	$50,000	長期債務	$30,000
設備	$30,000		
總資產	**$120,000**	**總負債**	**$70,000**
		權益	
		資本	$30,000
		保留盈餘	$20,000
		總權益	**$50,000**

我們看一下王先生現金流量表的每個項目。

營業活動：這部分可以看作是「現金收付制」的損益表，而非「權責發生制」的。從營業活動中可以看到一整年的營運現金實際流入和流出的量。這裡王先生$5,000的淨收益是來自損益表的項目。

但請記住，損益表中的某些項目可能無法反映真實的現金交易狀況。

折舊是王先生在桌子、椅子、廚房設備等這些長期資產耗損產生的費用。他在購買這些設備時以現金支付，並預計這些設備至少五年內是可用狀態。

所以他把支付出去的金額除以五年，然後算在五年中每一年的折舊費用，而不是第一年就把所有金額編列進去。

王先生在損益表中記錄$2,000的折舊費用。這是他在二〇一六年花了$10,000所購入的家具和設備。他已經用現金支付$10,000，會分五年出現在費用當中。所以這$2,000的折舊費用實際上並不涉及當年實際的現金流動狀況。這種我們稱為非現金費用。這表示，就算我們看到王先生有$5,000的利潤，但這金額是扣除了所有費用後得出的，所有費用中也包含折舊這一項非現金費用。我們要了解，折舊並不影響現金流。

應收帳款是王先生希望從客戶那裡收取的款項。他在損益表中記錄價值$10,000的收入，但尚未真正收到現金。現金流裡這筆錢要扣除，因為損益表最後$5,000的淨利，是把這筆應收帳款算在收入裡了。

在資產負債表上也可以看到那$10,000的應收帳款，對方欠他錢的單據視為有真實金融價值的資產。

另一方面，應付帳款是指王先生應該要支付給供應商的款項。我們在損益表上可以看到有一筆$25,000的銷貨成本被他從收入中扣除。

但在現金流量表卻加了價值 $20,000 的應付帳款。這是為什麼呢？我們一步一步來看這是怎麼回事。

在日常營運的過程中，王先生的餐廳可能使用供應商提供的一些食材，王先生也答應供應商日後會付款。二〇一八年，供應商提供價值 $20,000 的生食食材到王先生的餐廳裡。王先生隨後料理烹煮食材，為上門的客人提供服務。所以在損益表中，他有一筆 $20,000 的費用。

但是王先生在實際上還沒有付錢給供應商，所以他欠供應商 $20,000。這筆錢稱為應付帳款。那他為什麼要在現金流量表中加回 $20,000 ？

現金流量表中，王先生一開始的淨利是 $5,000。但在損益表中，這筆應付帳款是被視為費用扣除的。實際上這 $20,000 並未真正支付。王先生可以把它加回自己手邊實際可用的現金當中。

如果你覺得這些資訊有點抽象，難以消化，請不要擔心。我們最後會做個總結，並建議你應該在哪些重要的地方留意。接下來要討論的兩個主題會更簡單。

投資活動：這是現金流量表的一部分，記錄長期投資的買進賣出，以王先生的公司來講，這裡的長期投資指的是設備。

我們看到在二〇一八年，有 $2,000 的現金流出，用來添購新家具和設備；也看到出售資產有了 $1,000 現金進帳。

現金的流入是因為王先生出售公司的設備。也許有人會

問：「投資活動和營業活動有什麼區別？」買新的廚房設備就被視為是投資活動，而非營業活動？

這樣想好了：王先生的日常生意是否包括廚房設備的買賣？當然不是了。他的日常生意是烹煮食物、銷售食品、經營餐廳。

融資活動：這部分記錄王先生替公司籌募資金的活動。這些資金已經向股東募集並向銀行借錢籌到了。我們可以看到在二〇一八年時，王先生在這一類別記錄了兩筆活動。

上面扣除了$1,000用於還債。這也表示在這期間少了$1,000的負債，下面還有一筆$1,000的股息支出，這對股東來說是好事，因為他們今年收到股息了。

現金是王道

不管做什麼生意，現金都是非常重要的。在我們考慮是否要投資一間公司時，研究它的現金流量表是首要任務。

現金流量表裡，有兩個重要資訊要仔細看看：

1. 營業活動下的現金流量淨額。
2. 自由現金流。

營業活動下的現金流量淨額

從營業活動產生的現金淨額可以看出，公司在營業時是否會有現金收入。

我們會希望營業中的現金收入穩定，因為這會反映日常營業實際累積的現金。

我們來看這三家公司過去十年的營業活動產生的現金量有多少。

營業活動下的現金流量淨額：王先生、艾哈邁德、珍（從2009年開始計算）			
	王先生	艾哈邁德	珍
2009	$3k	-$100	$750k
2010	$5k	-$400	-$400k
2011	$4.2k	-$200	$40k
2012	$4.1k	-$1k	$330k
2013	$3.5k	$3.3k	$12k
2014	$5.8k	$5.2k	-$250k
2015	$2.8k	$7.5k	$600k
2016	$6.2k	$9.2k	-$90k
2017	$6k	$11.4k	$350k
2018	$4k	$16k	$620k

從這三家公司的業績記錄來看，我們會發現以下幾點：

1. 王先生的公司有和利潤一樣穩定的現金淨額。可以說他的經營是個會產生現金的服務。而且從現金流量表也看到他發放股息。

這代表我們可能購買王先生的公司股票來投資，會獲得股息。

2. 艾哈邁德的公司很有意思；我們從二〇〇九到二〇一二年可以看到，它營業活動的現金流量淨額是負數。這非常不正常，因為這幾年他是有賺錢的。

我們把它十年的淨利潤紀錄調來參考比對一下。

淨利潤：王先生、艾哈邁德、珍（從2009年開始計算）			
	王先生	艾哈邁德	珍
2009	$4k	$300	$800k
2010	$4k	$500	-$500k
2011	$4.2	$800	$20k
2012	$4.5	$1k	$300k
2013	$4.5	$3k	$10k

2014	$4.8	$5k	-$300k
2015	$4.8	$8k	$700k
2016	$5.2	$10k	-$50k
2017	$5k	$12k	$300k
2018	$5k	$15k	$520k

這裡可以看到艾哈邁德從二〇〇九到二〇一八年都在盈利。但為什麼產生現金量會是負數？

我們向他詢問後，艾哈邁德解釋說，他在二〇〇九年創業，那時候服務的都是小客戶，很多人都沒付錢。到了二〇一三年，他開始改變營運方式。

第一，他開始尋找更大的客戶，而那時他也累積足夠多的經驗，讓他能和這些客戶達成交易。

第二，他會預先和客戶說明付款條件，讓他能在服務期間就收到款項，而不用擔心服務完成後對方不給錢。

對上市公司來說，我們可以在它們的年度報告的附注中找到相關訊息。

或是，我們也可以去參加公司每年舉行一次的股東大會。讓股東有機會和公司管理階層互動並提出問題，管理人也方便澄清任何疑問。

再來是珍的公司，我們看到該公司的現金流量淨額波動就和它的利潤一樣屬於周期性業務。請注意，有些優秀的公司即

便是周期性業務，也能產生相對穩定的現金流淨額和利潤。像這樣的公司，可能在營運時擁有強大的循環機制，以及有很寬廣的護城河。

自由現金流

我們第二個在意的是「自由現金流」。這是在所有重要費用都扣除後我們股東可以獲得的現金金額，那它到底是指什麼？

它指的是，假設現在公司停止營運，我們至少能合法擁有的所有錢，自由現金流的金額指的就是這筆錢。

我們不會深入討論自由現金流還有它涉及更多的會計術語，因為已經有許多金融相關網站在教你怎麼算了。另外我們也擔心若再繼續深入討論，你們當中一些人可能會燒了這本書。

如果想知道更詳細的資訊，你只要在 Google 上鍵入「自由現金流」。

以下是對自由現金流的簡單解釋：

營業活動所產生的現金流量淨額－資本支出
（維持公司運作的必要費用）

要注意一下，自由現金流可以從很多不同觀點來看，細節也會不同。這裡重要的是理解它是怎麼來的以及該怎麼看待它。

自由現金流：王先生、艾哈邁德、珍（從2009年開始計算）			
	王先生	艾哈邁德	珍
2009	$2.5k	-$200	$650k
2010	$4.3k	-$500	-$500k
2011	$3.2k	-$400	$30k
2012	$3.5k	-$1.2k	$210k
2013	$2.8k	$2.3k	$9.2k
2014	$4.3k	$4.2k	-$280k
2015	$2.3k	$7.2k	$480k
2016	$5.2k	$8.1k	-$98k
2017	$5.4k	$9.4	$280k
2018	$3.5k	$12k	$520k

這裡你可能會發現，除非有鉅額資本支出，不然自由現金流能夠反映營業活動後的現金流量淨額。如果公司需要鉅額資本支出，那要運作起來會非常困難。

你得用大部分的現金來保住公司資產，這會非常累人而且壓力很大。

總結

最後總結一下，我們已經看過三份不同的財務報表，這裡列了一份投資公司要確認的項目：

投資確認清單		
編號	項目	是／否
1	過去十年來，權益（帳面價值）是否增長？	增長的權益得要和公司的淨值相呼應。
2	最新的負債權益比是否小於50%？	一間負債權益比小的公司，意味著在融資上較保守。
3	過去十年來，利潤是否增長？	我們會希望投資那些穩定成長的企業。
4	過去十年來，股本回報率是否穩定地都很高（超過15%）？	股本回報率高，代表公司管理有效率。
5	公司過去十年來的自由現金流是否為正數？愈多年都是「正」數自由現金流的公司，我們愈想投資。	自由現金流持續保持正數，表示公司有足夠的現金來營運。

秘密 6

評估

第二十六章
什麼是評估？

　　評估一筆投資的價值，是身為一名投資者最核心的能力。有趣的是，我意識到評估的重要性，是在以前當軍官時候的日子，因為那時軍隊中的資源有限。

　　「我們要深入敵軍陣營，請求空中支援！」我曾提出這樣的請求。

　　「我們不會浪費彈藥在步兵身上。會優先選擇高回報的目標。」

　　「你說『高回報』是什麼意思？」我問。

　　「彈藥有限，」一名軍官說：「要善用，我們的目標是摧毀更高火力的敵方目標。我很確定它對我方造成的損失會更大，而且也更難摧毀。我們會依敵我雙方的武器來配對，所以不會浪費彈藥在步兵身上，這回報率太低了。」

　　對我們投資者來說，現金就是我們的武器：子彈或導彈。因為資源有限，必須向更高回報的目標開火。要達成這點，就是要了解哪些股票的投資報酬率最高。

本書的這一部分，瑪麗和我會分享我們（或是你），要如何使用簡單又有用的方法來決定什麼時候扣下扳機，來購買股票。

評估股票的秘密

　　價值投資的核心概念，以低於真實價值的價格購入股票；用這種方法，你可以透過購買股票獲取價值。

　　想像一下，如果你可以用五十分美元來買一美元。

　　你會買多少美元？

　　答案可能會是「能買多少買多少」。

　　這種技術是由哥倫比亞商學院的班傑明・葛拉漢和大衛・陶德在一九二〇年代提出。本章節中，我們來看看投資者們所使用的各種評估技術。

　　當你學會這些不同技術時，請留意一點，這些技術不見得適用所有公司。

　　現在，是該讓自己掌握整個金融界最強而有力的技術的時候了。

第二十七章

葛拉漢的 Net-Net 估價法

價值投資之父，班傑明・葛拉漢使用這一種保守的評估方式，稱之為 Net-Net 估價法。價值投資的原則便是從這一個估價模型衍生出來。

Net-Net 的核心概念

Net-Net 的關鍵點在，先計算如果公司停止營運，並將所有資金返還給股東後，股東會得到多少回報，這種情況我們稱之為清算。這讓我想起一則笑話……

「誰是歷史上最成功的投資者？」這是這笑話的開頭。

答案是：「諾亞，因為當大洪水在清算整個世界時，他想辦法讓他的家當都浮在水面上。」

好吧，好像不怎麼好笑。總之，我們的想法是，要能購買價格是低於清算價的股票。若是你做到這一點，你會一路笑著走到銀行。

要買到價格低於真實價格的股票，我們需要：

1. 計算它的清算價值。
2. 在「安全邊際」的價格帶買股票（以低於其價值的三分之二當作緩衝區）。

計算淨流動資產的價值

那麼要怎麼知道，公司進行清算時，我們會得到多少回報？班傑明‧葛拉漢用比較保守的方法是計算它的「淨流動資產價值」（Net Current Asset Value，簡稱 NCAV）。我們試著不用會計語言來解釋這是什麼。

正如前面第二十三章提過的，一家公司的資產負債表可以看出，在製表的時間點上這間公司擁多少資產和多少負債。資產負債表會告訴我們，如果公司倒閉，我們會從中得到多少。

淨流動資產＝流動資產–總負債

用書中舉的那三家公司為例，我們可能看到 NCAV 是怎麼算出來的。請注意，有些公司的 NCAV 是負值。也就是說這些公司的流動資產價值比總負債還少。那麼 Net-Net 價值法就不適用這類公司。

王先生餐飲公司資產負債表；2018年12月31日			
資產		**負債**	
流動資產		**流動負債**	
現金	$10,000	應付帳款	$20,000
存貨	$20,000	短期債務	$20,000
應收帳款	$10,000		
非流動資產		**非流動負債**	
家具	$50,000	長期債務	$30,000
設備	$30,000		
總資產	**$120,000**	**總負債**	**$70,000**
		權益	
		資本	$30,000
		保留盈餘	$20,000
		總權益	**$50,000**

流動資產＝現金（$10,000）＋存貨（$20,000）

　　　　＋應收帳款（$10,000）＝ $40,000

總負債＝ $70,000

淨流動資產＝ $40,000 － $70,000 ＝ -$30,000（負的NCAV）

艾哈邁德顧問公司資產負債表；2018年12月31日			
資產		**負債**	
流動資產		**流動負債**	
現金	$10,000	應付帳款	$0
存貨	$0	短期債務	$5,000
應收帳款	$10,000		
公司股票	$30,000		
非流動資產		**非流動負債**	
家具	$5,000	長期債務	$10,000
設備	$5,000		
總資產	**$60 ,000**	**總負債**	**$15,000**
		權益	
		資本	$25,000
		保留盈餘	$20,000
		總權益	**$45,000**

流動資產＝現金（$10,000）＋存貨（$0）

　　　　　＋應收帳款（$10,000）＋公司股票（$30,000）

　　　＝ $50,000

總負債＝ $15,000

淨流動資產＝ $50,000 – $15,000 ＝ $35,000

珍建築公司資產負債表；2018年12月31日			
資產		**負債**	
流動資產		**流動負債**	
現金	$300,000	應付帳款	$150,000
存貨	$200,000	短期債務	$100,000
應收帳款	$200,000		
非流動資產		**非流動負債**	
辦公設備	$150,000	長期債務	$400,000
設備	$600,000		
土地	$500,000		
總資產	**$1,950,000**	**總負債**	**$650,000**
		權益	
		資本	$800,000
		保留盈餘	$500,000
		總權益	**$1,300,000**

流動資產＝現金（$300,000）＋存貨（$200,000）

＋應收帳款（$200,000）＝$700,000

總負債＝$650,000

淨流動資產＝$700,000－$650,000＝$50,000

經過計算後，我們可以知道：

王先生餐飲公司的NCAV = -$30,000
艾哈邁德諮詢公司的NCAV = $35,000
珍建築公司的NCAV = $50,000

從這案例中，可以看出王先生的餐廳不適合用Net-Net估價法，因為它的NCAV是負值。我們再來看看艾哈邁德和珍的公司。

接下來要看的是，每一股有多少NCAV。你已經知道怎麼計算公司的NCAV了，現在可以學習怎麼計算每股的NCAV。

我們假設王先生、艾哈邁德、珍，在他們公司中有合夥人和其他股東。我們要看流通股的數量。也就是所有股東持有的股份總數，包括銀行等大型機構、公司管理階層和員工。

我們向王先生、艾哈邁德、珍問過了，並知道下面的資訊：

王先生餐飲公司的流通股 = 10,000股
艾哈邁德諮詢公司的流通股 = 35,000股
珍建築公司的流通股 = 20,000股

我們把每家公司的NCAV除以流通股的數量，就能知道每股NCAV是多少：

王先生餐飲公司，每股NCAV = -$3

艾哈邁德諮詢公司，每股NCAV = $1

珍建築公司，每股NCAV = $2.5

　　行了：我們第一次用班傑明・葛拉漢的Net-Net方式估出來的價值。但等一下，我們要怎麼做才能確保從估出來的價值的獲利？答案是：當股票價格被低估時，就是該買進的時候。若我們以低於每股流動資產淨值（每股NCAV）的股價購買股票，就能夠從中獲利。如果我們以每股低於$1的價格買艾哈邁德公司的股票，或是每股低於$2.5的價格買珍建築公司的股票，就是買在股票價格被低估的時候。

　　班傑明・葛拉漢在他的著作《智慧型股票投資人》中，解釋了「安全邊際」的概念。許多投資者認為這是最重要的概念。

　　根據班傑明・葛拉漢的說法：

　　真正的投資，必須是在當下的「安全邊際」中進行。真正的「安全邊際」是可以透過數據、有效推論以及許多實務經驗的方式被證明。

安全邊際

那麼，你會問，我們要怎麼找到真正的「安全邊際」？答案是：購入被低估的股票。如果想成功使用Net-Net技術，不管是怎樣的股票，我們會以「三分之二的NCAV價值」或更低的價格購買。換句話說，買股票前，需要用它價值的六六折購入。

以每股NCAC是 $1 作為例子。假設我們以NCAC價值的六六折購入，那就是 $0.66（$1×0.66)。

從視覺上來看，它會是這樣：

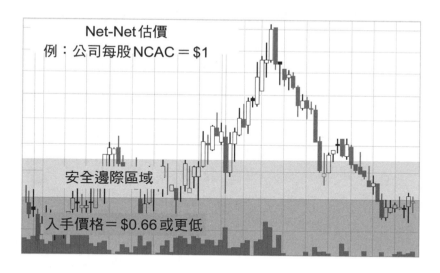

Net-Net估價
例：公司每股NCAC = $1

安全邊際區域

入手價格 = $0.66 或更低

如你所見，Net-Net 估價是非常保守的方式。我們畫出一個巨大的安全邊際，這樣子即使今天公司倒閉，我們仍能賺到錢。

　　但這種估價方式仍有問題。若是一家公司在虧損，卻仍不選擇倒閉，那它的資產會隨時間慢慢枯竭，淨流動資產的價值也會跟著下降，甚至低於我們當初購買的價格。這就是為什麼，不管你使用的估價方式看起來有多安全，選擇一家你有信心的公司依然很重要。這就是華倫所說的，在你的「能力圈」內選股。所以我們在觀察他的投資組合時，會發現他堅持只買自己所理解的公司，像是可口可樂和美國運通。多年來，許多投資者爭先恐後購買科技股時，華倫一直避開這些股票，就像他自己說的那樣，他對科技股的了解還不夠深入到能夠買該類型的股票。

第二十八章
本淨比

第二種估價法是 Net-Net 方式的一種變化。「本淨比」（Price-to-Book）的方式十分簡單，因為許多金融網站已經預先替投資者算好了。不過，我們仍應該理解一下「本淨比」是什麼方法，知道它是怎麼形成的。

「本淨比」的核心概念

用「本淨比」來估價，其核心概念是以低於淨資產價值（也就是「帳面價值」又叫「權益」）的股價入手優質公司的股票。先來回顧一下資產負債，上面有資產也有負債，上面也有我們的權益和公司淨值。

為了能弄得更清楚，請記住，每次你看到下面這些專業術語後，它們指的都是同一個東西。

資產淨值（Net asset value，簡稱NAV）
＝帳面價值＝權益＝公司淨值

我們使用「本淨比」的切入點來評價一間公司時，我們是希望以低於該公司淨值的股價購入。和「淨流動資產」很像，所謂的「淨資產」是指若是公司倒閉，股東能回收的金額。唯一的差別是，這裡我們不只算流動資產，也算進了非流動資產。技術上來講，非流動資產也是屬於股東的財產。

用流動資產來估價是更保守的估價法，因為像家具、土地、設備這些非流動資產，得要花一段時間才賣得掉。想像一下，要是你結束生意而不得不賣掉你的車子、房子或是商店，那它們要賣個好價錢的機會可能不會高到哪去。

本淨比是會計公司和投資公司最常用的方法，所以很多網站都會先算好。

在我們計算本淨比之前，我先分享一個故事。一名女士常和她朋友吹噓，「我丈夫可是個千萬富翁，我確信他能有這麼多錢都是因為我。」她的朋友們最後受不了她自負的口吻，便問道：「如果妳真的這麼有幫夫運，那妳怎麼知道他愛的是妳而不是錢？」那名女士回答：「這我也不確定，但在他認識我之前，他是名億萬富翁。」

這個故事提醒我們，如果公司或是個人財富管理不善，那不管是公司淨值還是個人淨值，都可能會下降，這就是為什麼我們始終都要畫出安全邊際。

那要如何利用本淨比來估價，還有怎麼看安全邊際呢？我們先以王先生、艾哈邁德、珍這三人的公司為例，我們先看它

們的淨資產（又叫「帳面價值」或「權益」）。

王先生餐飲公司資產負債表；2018年12月31日			
資產		**負債**	
流動資產		**流動負債**	
現金	$10,000	應付帳款	$20,000
存貨	$20,000	短期債務	$20,000
應收帳款	$10,000		
非流動資產		**非流動負債**	
家具	$50,000	長期債務	$30,000
設備	$30,000		
總資產	**$120,000**	**總負債**	**$70,000**
		權益	
		資本	$30,000
		保留盈餘	$20,000
		總權益	**$50,000**

　　從資產負債表可以看到，王先生餐飲公司的總權益是
$50,000。

艾哈邁德顧問公司資產負債表；2018年12月31日			
資產		**負債**	
流動資產		**流動負債**	
現金	$10,000	應付帳款	$0
存貨	$0	短期債務	$5,000
應收帳款	$10,000		
公司股票	$30,000		
非流動資產		**非流動負債**	
家具	$5,000	長期債務	$10,000
設備	$5,000		
總資產	**$60,000**	**總負債**	**$15,000**
		權益	
		資本	$25,000
		保留盈餘	$20,000
		總權益	**$45,000**

艾哈邁德諮詢公司的總權益是 $45,000。

珍建築公司資產負債表；2018年12月31日			
資產		**負債**	
流動資產		**流動負債**	
現金	$300,000	應付帳款	$150,000
存貨	$200,000	短期債務	$100,000
應收帳款	$200,000		
非流動資產		**非流動負債**	
辦公設備	$150,000	長期債務	$400,000
設備	$600,000		
土地	$500,000		
總資產	**$1,950,000**	**總負債**	**$650,000**
		權益	
		資本	$800,000
		保留盈餘	$500,000
		總權益	**$1,300,000**

珍建築公司的總權益是 $1,300,000。

看完資產負債表後，我們可以知道以下內容：

王先生餐飲公司的NAV＝$50,000
艾哈邁德諮詢公司的NAV＝$45,000
珍建築公司的NAV＝$1,300,000

接下來我們要知道每股的NAV是多少。這裡要看公司發行的股份數量：

王先生餐飲公司的流通股＝10,000股
艾哈邁德諮詢公司的流通股＝35,000股
珍建築公司的流通股＝20,000股

我們把NAV除以流通股數會得出：

王先生餐飲公司，每股NAV＝$5
艾哈邁德諮詢公司，每股NAV＝$1.29
珍建築公司，每股NAV＝$65

如上所示，如果將非流動資產也考慮進來，公司的每股資產淨值（每股NAV值）明顯比每股流動資產淨值（每股NCAV）高不少，以此方式估出來的公司價值也會提高。例

如：以珍的建築公司來說，公司還有不少土地和建築物也算進去了。

　　如前所述，我們還要定義出「安全邊際」的範圍。我們至少會以每股資產淨值（每股NAV）的八折購入股票。所以在上述三個案例，我們購入股票的股價會是：

　　計算每股資產淨值（每股NAV值）的八折，也就是以80%的NAV買進這些公司的股票（既然我們想要有八折優惠，那就是「每股NAV」乘以0.8）。

　　王先生餐飲公司，買入時機的股價會是＝$5×0.8＝$4
　　艾哈邁德諮詢公司，買入時機的股價會是
　　＝$1.29×0.8＝$1.03
　　珍建築公司，買入時機的股價會是＝$65×0.8＝$52

　　在我們完成這一章節前，有兩件事要注意：一是雖然我們這裡用的術語是「每股資產淨值（每股NAV）」，但我們使用網站選股時，會比用「本淨比」估出之每股NAV的80％或更低的價格買入。

　　我來解釋一下，「本淨比」裡所使用「本」這個字，指的是股票市價；而我們使用「淨」一詞，是指每股的帳面價格（每股NAV；每股淨值）。

　　我們以王先生餐飲公司為例。當王先生的股價和帳面價格

的比值為0.8或更低的時候，我們會想買它的股票。

股票市價／每股帳面價格 ≦ 0.8（Price ／ book ≦ 0.8；P/B ≦ 0.8）

之前算過王先生餐廳的每股帳面價格是$5，所以式子可以寫成：

股票市價／$5 ≦ 0.8

我們把$5移到這不等式的另一邊，會得到：

股票市價 ≦ 0.8×$5

所以我們的計畫，是在王先生餐飲公司的股價符合下例情況時購入：

股票市價 ≦ $4

我們之前提到，買入王先生餐廳股票的時機，是在股價$4的時候，而這個就是計算方法。之所以會用「股價淨值」法來看，是因為大多數金融網站已經提供所需的資訊。

所以只要看到它的股價，是股價淨值的百分之八十或是更低的時候，就知道它是可以入手的價格。舉個例子，若我們看到王先生股票市價／每股帳面價格（P/B）是0.6的時候，這意味著目前股價是它帳面價值的60％，打了六折，是個好折扣。

另外要注意的是，並非所有公司都得要有大量資產才能運作。不然的話，那些帳面價值低的公司會變成根本無法購買。

舉個例，假設我們比較艾哈邁德諮詢公司和珍的建築公司，我們不太可以用低於帳面價值的價格買到艾哈邁德諮詢公司的股票，因為艾哈邁德公司的業務是以服務為基礎，不需要

巨大的資產就可以運作。

我們搜集了一些熱門股票的資訊給大家參考。下面我們來看看。

請計算每一家公司的本淨比（二〇一八年六月的資料）。

名稱	公司類型	價格	帳面價值	本淨比
Google	網路媒體	$970.12	$209.64	
臉書	網路媒體	$149.60	$21.46	
保德信金融集團	保險	$107.75	$109.05	
美國銀行	銀行	$23.67	$24.41	

下面是我們算好的本淨比：

名稱	公司類型	價格	帳面價值	本淨比
Google	網路媒體	$970.12	$209.64	4.63
臉書	網路媒體	$149.60	$21.46	6.97
保德信金融集團	保險	$107.75	$109.05	0.99
美國銀行	銀行	$23.67	$24.41	0.97

從這裡可以看到，我們不太可能以低於帳面價值的股價買到Google或是臉書這些網路媒體公司。因為這些公司的價值在於它們創造的利潤和公司成長。

　　相對來講，我卻有可能用低於帳面價值的價格買到保險公司和銀行，這些公司需要有更多的權益（以這裡的例子來講指的是「現金」），才能運作。華倫持有很多保險公司和銀行的股份，像是政府雇員保險公司、通用再保險公司、托馬科金融集團、美國銀行、富國銀行。

　　所以我們使用本淨比的方式來評估運作時需要大量實體資產的公司。我們會在第二十九到三十一章討論其他類型的公司。

第二十九章
本益比

「本益比」是另一個常用來評估公司是否值得投資者投資的工具。這裡不是用公司的資產來評估，而是根據它的盈利能力，也就是本益比（Price-to-Earnings，簡稱PE）來判斷。

本益比（PE）的核心概念

這裡的目標是在可行範圍內，盡快達到投資回本，那麼入手股票時的價格，不要貴到超過該公司的賺錢能力。

我們以王先生餐飲公司為例，這是他的損益表。

王先生的損益表；2018年12月31日	
收益	
收入	$50,000
銷貨成本	$25,000
收益合計	**$25,000**
費用	
租金	$7,000
薪資	$7,000
折舊	$2,000
電費帳單	$1,000
銀行利息	$2,000
費用合計	**$19,000**
稅前利潤	$6,000
稅	($1,000)
淨利	**$5,000**

我們看到王先生餐飲公司一年賺 $5,000；「本益比」裡的「益」，指的就是這 $5,000，而我們要出的價格則是它的「本」。

如果我們要投資 $50,000 給王先生的公司，但王先生提出

要$100,000（當然了，他會希望能替公司爭取更多）。這兩個不同的價格就是兩種不同的「本益比」（PE）。

以$50,000投資王先生每年會產生$5,000營收的公司來看，它的本益比（PE）是：

$50,000 / $5,000 ＝ 10倍的盈利。或是PE為10倍。

換言之，如果以$50,000投資這間公司，那能預期在十年後能達到投資回本。

那如果是以$100,000投資，王先生的公司每年仍是產生$5,000的營收；那麼它的本益比（PE）會是：

$100,000/$5,000 ＝ 20倍的盈利。或是PE為20倍。

在這種情況下，預計需要二十年才能實現投資回本。現在有個重要問題：你會以10倍的本益比投資，還是20倍的？

怎麼看適合投資的本益比（PE）？

在所有條件都相同的情況下，如果我們要收購一家公司，那本益比（PE）就要盡可能低；這樣它達到投資回本的時間會比高本益比的公司要少。需要注意的是，不同行業會有不同

的成長速度。舉例來說，技術公司的成長速度會遠遠快過需要一磚一瓦建造出來的傳統產業。這些成長速度也會影響本益比（PE）。要是市場預期這行業的成長速度很快，那人們也會願意用更高的本益比來買這間公司。

下面是截至二〇一八年六月，每個行業平均的本益比（PE）：

行業	本益比
能源	-38.5
金融服務	16
防禦型消費	19.9
工業	21.9
公用事業	35.2
消費者常用品	22.2
基本原物料	36
醫療衛生產業	21.5
通訊服務	20.3
科技業	26.3
房地產	22.6
標準普爾500	25.7

我們可以看到，金融服務的股價營收都低於其他行業。截至二〇一八年六月，公用事業的本益比（PE）最高。能源市場的本益比（PE）是負數，因為許多石油和天然氣在那期間是虧

損的，所以算出來的值是負數。

我們會希望要找的公司本益比（PE）是低的，甚至是負的。但請記住，這些投資必須是在你的「能力圈」或是興趣範圍內。

我們還得知道，怎樣判斷適合投資的本益比（PE）。相對安全的做法，是找「本益比」低於「平均本益比」30%的股票。

例如，當我們查看VISA過去十年的PE，可以看到它過去十年PE平均是29.62。

	Visa
2009	25.88
2010	16.7
2011	19.7
2012	42.2
2013	29.3
2014	30.4
2015	30.06
2016	31.4
2017	40.72
2018	29.85
平均	29.62

所以VISA適合投資的本益比為：29.62x0.7 ＝ 20.73

那我們怎麼知道VISA的PE達到20.73？這時候我們就要

看公司的「每股盈餘」（Earnings Per Share，簡稱EPS）。

「每股盈餘」也叫EPS，簡單來講就是一家公司利潤除以它發行的總股數。為了要計算價值，我們看中的是每股的賺錢能力，而不是每股值多少錢。

我們到網路上查VISA的EPS，看到EPS是$4.65。所以如果該公司的股價是$4.65x20.73 = $96.39的時候，我可能會入手它的股票。

我們來回顧一下要怎麼用PE比：

步驟1：用網路搜尋歷史紀錄的平均PE是多少。例：VISA的平均PE是29.62。

步驟2：取平均PE的30%，以確保它有個安全邊際。將VISA平均PE（29.62）乘以0.7會得到20.73。這就是比這公司平均PE低30%的PE值。

步驟3：看它的每股盈餘（EPS）。VISA目前的EPS是$4.65。

步驟四：把EPS乘以打過折的PE，計算出可以入手的價格。VISA的每股盈餘是$4.65；我們把它乘以20.73，會得到$96.39。

所以若VISA的價格降到$96.39或更低的時候，我們可能會抓緊機會買進。目前股價仍在高處。VISA的股價遠高於我們進場的目標價格。所以仍在投資前等待時機。

第三十章
殖利率

殖利率是用來評估我們投資股票的股息。

殖利率（Dividend yield）的核心概念

這是為了買到能穩定支付股息的股票。公司的股息是否良好，看的是殖利率。

要計算殖利率，我們會用每股預期股息和股票價格做比較。

舉例來講，如果用$1買了ABC股票，預計ABC每年每股會有$0.10的股息，那殖利率就會是：

預期每年的每股股息／股價＝$0.1／$1.00＝10%

你可以發現，殖利率是我們計算投資回報的一種方式。

當我們要用殖利率來買會發股息的股票時，有幾件事要注意：

1. 確認公司支付的股息是否一致。如果是個穩定的股息股票，那過去十年發放的股息應該也相當一致。
2. 殖利率要高過「無風險資產的報酬率」的股票為目標。「無風險資產的報酬率」指的是當下債券或是銀行存款中，利息較高者的利率。一般經驗而言，股息股票的殖利率要比投資無風險資產的報酬率目標高2％。

第三十一章

增長公式

這是一個沒什麼人知道的公式。我們稱之為，葛拉漢的增長股的秘密公式。

增長公式的核心概念

主要想法是，本益比（PE）沒有考慮到公司未來會成長的事實。

在葛拉漢增長公式中，加入預期增長率，去計算它內在價值。

公式如下：

$$V = EPS \times (8.5+2g)$$

其中：

V指的就是內在價值；

EPS是最近的每股盈餘；

8.5是股票成長率為0%的本益比（PE）；g是指未來十年預期的增長率。

要確定預期增長率，我們會參考過去十年來的增長率。

若以Google為例，截至二○一八年十二月，我們知道：

EPS = \$43.70

過去十年來的增長率 = 20.70%

所以用葛拉漢在增長公式來算，Google的內在價值如下：

$V = EPS \times (8.5+2g)$

$V = \$43.70 \times [8.5 + 2(20.70)]$

$V = \$2,180.63$

然後我們再扣除30%當成安全邊際，就會得到適合入手的股價為：$\$2,180.63 \times 0.7 = \$1,526.44$。

秘密 7

投資組合管理

第三十二章
什麼是投資組合管理？

　　我被邀請到世界各地二十四個不同的城市，分享我對投資的觀點。這段期間，我有機會和世界各地不同的人交談。每次和股票經紀談話時，我都覺得非常有趣。因為不管他們是哪裡人，都有相似的觀點。我記得第一次在賽普勒斯聽到一位股票經紀和我說的話。

　　「有客戶在我這裡開立帳戶時，我只要花三個月就知道對方是否會成為一名賺錢的投資者。」

　　「你怎麼知道的？」我好奇地問。

　　「很簡單，投資者通常分兩類：一種是分散投資，一種是非分散投資。非分散投資一開始可能會賺一點錢，但最後都會輸光。人不可能一直都對。分散投資的投資者，會在投資世界存活很長一段時間，這樣才會真正從投資中獲利，我只要花三個月就能觀察出我的客戶，哪些有多元化投資的原則，哪些有『全壓』的賭博心態就好了。」

　　正如我那位賽普勒斯的股票經紀朋友所說的：

「人不可能一直都對。」所以分散的投資組合，表示我們
夠謙虛也夠聰明，留給自己犯錯的權利，而且還能夠從整體的
投資組合中獲利。華倫有一條投資規則：「永遠不要賠錢！」
這並不是說我們在選股時永遠不要犯錯，而是得要有計畫來擊
敗可能出現的錯誤決定，並保持整體能夠獲利。

　　在下一章中，我們會分享這點要怎麼做更具體一點的想
法。

第三十三章

投資組合管理原則

你有聽過「不要把所有雞蛋放在同一個籃子裡」嗎？這說明分散投資管理風險的重要性，這樣就不會因為一場災難就毀掉我們的財務。歷史上極富有、又極端聰明的所羅門王曾說過：「你要分給七人，或分給八人，因為你不知道將來有什麼災禍臨到地上。」（《傳道書》十一章第二節）

華倫‧巴菲特曾說過類似的話，「分散投資是為了對抗無知」，他投資組合含有四十多家上市公司和數百家波克夏旗下的公司。

我犯了一個錯，把所有投資資金投入單一股票，然後發現就算是最好的投資，也不可能好到永不失敗。

所以下面是瑪麗和我建議你採納的關鍵投資組合的管理原則：

原則1：從資金的分配開始

不管什麼時間點，都要決定自己有多少錢投入股市，而多少錢作為預備現金準備未來的投資機會。這會取決

於你評估目前市場真實價值是多少，而它又多久會出現回彈。一般來說，你應該拋棄個人偏好，像評估公司那樣客觀地來評估市場。

我們可以看整個市場的本益比，看看它的價格是被低估還是被高估。如果是被低估，就可以投入更多資金進行投資，如果被高估，就要保留更多現金，等待市場自動調整，出現好時機。這就是華倫在一九六九年做的事，他清算他的投資公司，巴菲特合夥有限公司，因為整個市場價值被高估了。後四年他選擇重返市場，那時候他說自己像是「待在妓院、性慾過盛的小夥子」；這舉動後來讓他在一九七一和一九七四年的經濟崩盤中不致受損。

原則2：任何股票中的投資不得超過10%

從這條原則來看，你的投資組合應該要有十五到二十支股票。「等一等，」你可能會問，「既然我每支股票要投資10%，那我不是應該只有十支股票嗎？」

這項原則說的是，你對每支股票的最大投資是10%。只有那些極有信心的股票才會10%都投進去。這是我們下一條原則的重點。

原則3：強勢的股票才有更高的權重

我們列出自己想購買的股票清單，最好要根據我們對

其前景的信心程度來排名。假設我們有一份二十支股票的清單，我們肯定會對其中幾支更有信心。你可以從一到二十對它們進行排名，也可以用分等級的方式，比方：A級、B級、C級。

現實中，被我們列為A級股票的可能都會想買，但它的股價並不一定是被低估的。所以合理的做法，是等待這些股票購入的時機。例如，A級股票可以把投資金額10％投滿；B級可能只投入9％；C級可以只有8％。原則上愈強勢的股票權重愈重。

原則4：至少每年檢查一次你的投資組合

有一個很常見的問題，「我們多久審查一次我們的投資組合？」我們建議每年至少一次。在證券交易所上市的公司，每年都會發布年度報告。不過它們也會發布季度報告，最好也要看季度報告，看它們經營得多好。通常，我們也會需要注意一些特殊情況或是公司對外宣布的新聞。如果有的話，就要問問自己，是否仍想握有這支股票，這會關係到我們最後一個原則。

原則5：不要純粹依價格而賣出

有時候，許多投資者會問：「我什麼時候要賣？要是股價大漲或大跌怎麼辦？」

這個問題的答案是，永遠不要純粹憑價格來決定是否出售。

　　我們購買一家企業，希望在我們投資組合中的公司，好好替我們工作。所以真正的問題會是：「我們什麼時候要終止該員工替我們服務？」答案是：「如果該名員工不再是名好員工。」

　　這意味著我們除了要看股價外，還得和該公司業績一起審查。

股價下跌時

　　假如你買了一支股票，價格下跌了20％，你不應該急著賣掉它。你需要檢查它的績效。若是它的基本面下降，你對這公司失去信心，那就可以賣掉。如果它長期基本面仍然很好，就不該賣出；反而你應該考慮再多買幾張。華倫喜歡在股價下跌時買進股票，因為他認為這些公司基本面依然健康。美國運通就是一個例子。一九六三年，因沙拉油醜聞案讓該公司蒙受損失，公司得承擔六千萬美元的賠償責任。股價從一九六三年十一月的六十五元美金大跌到一九六四年一月只剩下三十七元美金，不到九十天的時間下跌了43％。華倫決定入手美國運通的股票，投入資金一千三百萬，佔當時公司資金的40％。這一千

三百萬的投資一直營運至今（二〇一九年三月），已增長成一百四十四億美元。

股價上漲時

另一種情況是股價突然大漲。可能會有想要拋售獲利的誘惑。不要急著這麼做，以免太早拋售股票。

你該怎麼做？你應該根據本書前面提到的估價法，來審查公司績效重新估價。如果公司營運良好，你可能不會想出售股票，因為你重新估價後，這支股票可能是被市場低估。事實上，你反而會加碼買進。

但若是你發現股價上漲超過它的實際價值，你可以拋售股票賺取現金，然後在股票下跌時再買回來。

一切都會回到基本面！

記住：班傑明·葛拉漢說過，好的投資像在做生意一樣。所以思考也得像做生意一樣，並建立一組好的股票投資組合。

結論

第三十四章
一個成功投資者的心態

　　服役時，我們那一排每個月都會頒發每月最佳士兵獎。有幾次的得獎人之所以會入選，並不是其強壯、敏捷或是槍法很準被選中，而是因為此人表現出最好的態度。

　　這不管對投資者還是對士兵來講都是如此。市場不會獎勵華爾街最聰明的人。像艾薩克・牛頓爵士這樣的天才，也在股票市場損失數百萬。

　　班傑明・葛拉漢增訂版的《智慧型股票投資人》中，《華爾街日報》的專欄作家傑森・褚威格收錄一則牛頓在南海公司投資的故事：

　　　　回到一七二〇年的春天。艾薩克・牛頓爵士持有英國最熱門的股票「南海公司」。感覺市場快要失控，這位偉大的物理學家喃喃道：「即使能算出星球運行軌跡，也算不出人的瘋狂。」

　　　　牛頓拋售南海公司的股票，獲利高達100％，總計七千英鎊。但在幾個月後，股市的狂熱也把牛頓捲進去，他以更高的價格重新投入，結果損失了兩萬英鎊（或更多，差不多是二〇〇二到二〇〇三年當代社會的三百多萬美

元）。在他餘生中，他禁止任何人在他面前提到「南海」這兩個字。

如果地球上絕頂聰明的人都不能打敗市場，那其他人又怎麼能成功？

華倫‧巴菲特對這一難題提供一些看法，他說：「如果成為一位偉大的投資者非得學會微積分或是代數，那我可能得回去找送報紙的工作。」

彼得‧林區是一位傳奇投資者，一九七七到一九九○年間，他管理富達麥哲倫基金，平均年回報率為29.2%。他說：「我從事這行業二十年了，任何一個人只要能發揮正常大腦百分之三的能力都有辦法選股，即使沒華爾街那些專家好，至少也能持平。」

我們不需要成為投資天才，而且很多聰明人在投資上反而很糟糕，因為他們太過依賴自己的智慧。諷刺的是，最好的投資辦法就是保持簡單。

華倫‧巴菲特說過一句話，有趣地總結了這個問題：「人有一種違反常理的特性，喜歡把簡單的事搞得很複雜。」

我們當投資者的過程，看過在家工作的母親、計程車司機、工廠工人都有大量的投資組合。

我們會特別提到這些人，是因為他們通常節省不了多少錢，起初也沒有多少資源，但他們在投資方面比我們所知道的許多有錢人更成功。

在和那麼多投資者相處後，我們慢慢意識到，好投資者和壞投資者的區別不在於選股技巧，而在於投資者的心態！

以下是成功投資者心態上的關鍵特徵：

1. 耐心

踏上投資者的征途，我們遇到過許多人，為了追求快速致富而讓他們的投資組合一下崩盤。正如華淪‧巴菲特所說的：「不管你付出多少努力或是天資多高，有些事情需要時間。就算你有辦法一次讓九個女人懷孕，也沒辦法在一個月內就生小孩。」

操之過急、想快速致富會導致投資失敗，這也是為什麼人們會上當受騙去買看似高報酬的股票。能認識並發現耐心的必要，是很重要的事。

喬治‧索羅斯說：「如果投資很好玩，或是你在裡面玩得很開心，那你可能一毛錢也沒賺到。『好的投資』十分無聊。」

2. 獨立思考

我們還沒遇到過光是得知小道消息或謠傳就能致富的投資者。所有成功的投資者都有辦法獨立思考，並負責地做出是否投資的最後決定。這有時被稱為逆向思維。九〇年代末有個很好的例子，那時華倫拒絕跟進網路世代的發展而受到眾人嘲笑。一九九九年十二月底，《巴倫周刊》還刊登一篇〈華倫，錯了嗎？〉暗示華倫已失去他叱吒股市的力量，因為以科技股為主的那斯達克上漲了145％，而堅持抱著價值股的波克夏卻跌了44％。之後，我們都知道，網路泡沫破滅了。能夠抵抗從眾誘惑，成為一個真正

的逆向投資者。

彼得·林區曾說：「雖然有些人誤以為價值投資只是一種專門用來鑑定便宜股的工具，但它其實是一項廣泛通用的投資哲學，需要深入基礎分析，追求長期結果，控制風險和抵抗從眾心理。」

練習獨立思考和不跟隨流行是非常重要的。

3. 專注

另一項投資者的關鍵特徵是專注；而非時不時都有新的點子跳出來。

華倫·巴菲特的商業合夥人查理·蒙格建議：「我們的工作是找些聰明的事去做，而不是他媽的跟上世界每個人的腳步。」他說得不錯。

一個強大的投資者必須關注他正在做的事。我們在本書前面提到了能力圈；能保持專注並堅持下去非常重要。

4. 一致性

我們可以看到這些特徵有許多重疊之處，保持一致性是一個重要的特徵。

個人投資者應始終如一地以投資者身分行事，而不是以投機者的方式行事。

——班傑明·葛拉漢

第三十五章
一個數百萬美元的投資組合

　　恭喜你看到這一部分！閱讀完前面的章節，你肯定獲得很多關於投資的知識。俗話說，「知識就是力量」；然而在應用知識之前，它只能是潛在力量。

　　瑪麗和我共同制定了我們稱之為「理想路線圖」的計畫，來幫助你取得財務上的成功。

　　下面是怎麼將你學到的知識付諸實踐應遵循的五個步驟：

1. 先付錢給自己
2. 存一筆應急基金
3. 買保險
4. 還清債務
5. 多方面投資

請注意，上述步驟可以同步完成。

1. 先從付錢給自己開始！

　　大多數人傾向把每個月辛苦賺來的錢拿去付電話費、水電費、抵押貸款、交通費、食物、衣服和其他必需品，不會留下任何儲蓄。

　　我們建議你從薪水中保留一定額度，在把這錢付給其他人之前先付給自己。

　　建議你每個月至少存下薪水的10％。你替你財務預留愈多的資金，實現你個人財務目標的速度就會愈快。所以，養成一拿到薪水就存起來的習慣。

2. 存一筆應急基金

　　第一件該做的事，把每個月留給自己的錢存成應急基金並累積起來，這也稱為「雨天基金」。

　　建議金額，最好先存三個月的生活費。如果你每個月要花費 $4,000，那你的應急基金就應該存下 $12,000。

　　所以，即便你失業了，也有足夠的錢度過接下來的三個月。

3. 買保險

　　好的投資者應時時刻刻替最壞的情況做好準備。許多成功投資者的一句格言：「懂得未雨綢繆，自然順風順水。」

這明智的建議應該運用在我們的理財上面。

　　一位值得信賴的理財專員可以幫助你找到合適你的保險涵蓋範圍。不管是什麼人，就算是經濟上富裕的人，也可能因為嚴重事故或健康問題，一夜之間花光積蓄。最好在你需要時，能有個夠全面的保險計畫幫你一把。至少每個人應該要保的範圍要包括意外險、重大疾病醫療險、住院治療。找一位值得信賴的理財專員，約一次見面，審查你目前的保險狀況。

4. 還清債務

　　除了應急金和適當保險範圍外，你還應該解決身上任何可能因消費產生的債務，像是信用卡卡債。大家都知道，信用卡的利息遠高過一般利息，從8％到16％不等。還清債務，獲得自由！如果你有長期貸款，也要確保利率盡可能低。

5. 複利投資

　　假設你每個月投資$100，最後你會存下多少？這要看你投資回報率來決定。

　　下表顯示不同回報率，每個月投資$100的不同情況。

　　在三十年後，你的投資總額會達到$36,000。即使回報率只有5%，也會累積$83,712.95。這比你累積投資總額

的兩倍還多。

如果你聰明運用價值投資的技巧，得到15％的回報。那你會累積$599,948.30；如果是30％，那金額更是高達一千三百萬！

很多人都想知道華倫‧巴菲特是怎麼賺到數十億美元的。答案是耐心和複利！

每月投資$100，不同複利計算每年的回報。		
年	5%	10%	15%
1	$1,260.00	$1,320.00	$1,380.00
2	$2,583.00	$2,772.00	$2,967.00
3	$3,972.15	$4,369.20	$4,792.05
4	$5,430.76	$6,126.12	$6,890.86
5	$6,962.30	$8,058.73	$9,304.49
10	$15,848.14	$21,037.40	$28,019.13
15	$27,188.99	$41,939.68	$65,660.97
20	$41,663.10	$75,603.00	$141,372.14
25	$60,136.14	$129,818.12	$293,654.36
30	$83,712.95	$217,132.11	$599,948.30
	20%	25%	30%
1	$1,440.00	$1,500.00	$1,560.00
2	$3,168.00	$3,375.00	$3,588.00
3	$5,241.60	$5,718.75	$6,224.40
4	$7,729.92	$8,648.44	$9,651.72

年			
5	$10,715.90	$12,310.55	$14,107.24
10	$37,380.50	$49,879.35	$66,486.42
15	$103,730.56	$164,530.26	$260,966.64
20	$268,830.72	$514,417.04	$983,058.12
25	$679,652.76	$1,582,186.78	$3,664,133.21
30	$1,701,909.46	$4,840,761.40	$13,618,777.35

　　如果你每個月投資超過 $100，那可以期待你的投資會有更多的成長，下面是一張每個月 $200 的投資表：

每月投資 $200，不同複利計算每年的回報。			
年	5%	10%	15%
5	$13,924.59	$16,117.46	$18,608.97
10	$31,696.29	$42,074.80	$56,038.26
15	$54,377.98	$83,879.35	$131,321.93
20	$83,326.20	$151,206.00	$282,744.29
25	$120,272.29	$259,636.24	$587,308.73
30	$167,425.90	$434,264.22	$1,199,896.60
	20%	25%	30%
5	$21,431.81	$24,621.09	$28,214.47
10	$74,761.00	$99,758.71	$132,972.83
15	$207,461.11	$329,060.51	$521,933.29
20	$537,661.44	$1,028,834.09	$1,966,116.23
25	$1,359,305.52	$3,164,373.55	$7,328,266.42
30	$3,403,818.92	$9,681,522.80	$27,237,554.69

如果你每個月能投資$500呢？

再看看下表，便能看出端倪！以20%的年利率計算，三十年後，本來的$500會變成八百五十萬！

每月投資$500，不同複利計算每年的回報。		
年	10%	15%	20%
5	$40,293.66	$46,522.43	$53,579.52
10	$105,187.00	$140,095.66	$186,902.51
15	$209,698.38	$328,304.83	$518,652.78
20	$378,015.00	$706,860.72	$1,344,153.60
25	$649,090.59	1,468,271.82	3,398,263.80
30	$1,085,660.55	$2,999,741.51	$8,509,547.30
	25%	30%	
5	$61,552.73	$70,536.18	
10	$249,396.77	$332,432.08	
15	$822,651.28	$1,304,833.22	
20	$2,572,085.21	$4,915,290.58	
25	$7,910,933.88	$18,320,666.04	
30	$24,203,807.01	$68,093,886.73	

除非你開始邁出第一步，每個月都開始儲蓄，不然你的財富不會增長，然後再看看你該怎麼理財。

我們很高興你和我們一起邁出人生的第一步！

結語

恭喜你，看完了整本書！我們誠心希望它能讓你們知道怎麼像巴菲特一樣投資。

我們建議你訪問瑪麗・巴菲特的網站：www.marybuffett.com。裡面有許多不錯的貼文。

若你真的想了解更多投資的知識，巴菲特線上學院有一系列的課程，教你一種行之有效，能循序漸進的方式規劃你的財務自由之旅。造訪www.buffettonlineschool.com，了解更多資訊。

祝你好運，並預祝你的投資之旅能獲得成功。

致謝

瑪麗・巴菲特

真心感謝我的孩子，艾利卡、尼可和山姆，謝謝你們對我的支持和愛；尚恩・尚赫以及整個巴菲特線上學院的工作人員、SR亞洲（SUCCESS RESOURCES Asia）；我的編輯羅絲・里佩；以及我的朋友兼助理，喬斯琳・斯金納。

尚恩・尚赫

我深深感謝在這旅程中支持我的朋友，瑪麗，她是我在投資和商業上的導師、我的家人，給我歡樂和力量、我的父母，總是引導我回到上帝的身邊。

跟華倫.巴菲特學投資：投資大師教你的七大投資秘訣/瑪麗.
巴菲特, 尚恩.尚赫作；牛世峻譯. -- 初版. -- 臺北市：春天出版
國際文化有限公司, 2021.12
　　面；　公分. -- (Progress；16)　　　。
譯自：7 secrets to investing like Warren Buffett : a simple
guide for beginners.
ISBN 978-957-741-482-3(平裝)
1.巴菲特(Buffett, Warren) 2.投資 3.投資技術 4.投資分析

563.5　　　　　　　　　　　　　　　　　　　110020440

跟華倫‧巴菲特學投資：
投資大師教你的七大投資秘訣

Progress 16

作　　　者◎瑪麗‧巴菲特、尚恩‧尚赫
譯　　　者◎牛世峻
總 編 輯◎莊宜勳
主　　　編◎鍾靈
出 版 者◎春天出版國際文化有限公司
地　　　址◎台北市大安區忠孝東路4段303號4樓之1
電　　　話◎02-7733-4070
傳　　　真◎02-7733-4069
E－m a i l◎bookspring@bookspring.com.tw
網　　　址◎http://www.bookspring.com.tw
部 落 格◎http://blog.pixnet.net/bookspring
郵政帳號◎19705538
戶　　　名◎春天出版國際文化有限公司
法律顧問◎蕭顯忠律師事務所
出版日期◎二○二一年十二月初版
定　　　價◎299元

總 經 銷◎楨德圖書事業有限公司
地　　　址◎新北市新店區中興路2段196號8樓
電　　　話◎02-8919-3186
傳　　　真◎02-8914-5524
香港總代理◎一代匯集
地　　　址◎九龍旺角塘尾道64號 龍駒企業大廈10 B&D室
電　　　話◎852-2783-8102
傳　　　真◎852-2396-0050

版權所有‧翻印必究
本書如有缺頁破損，敬請寄回更換，謝謝。
ISBN 978-957-741-482-3